Verlag Voland & Quist, Dresden und Leipzig, 2014
© by Verlag Voland & Quist – Greinus und Wolter GbR

Umschlaggestaltung: HawaiiF3, Leipzig
Gestaltung und Satz: Fred Uhde, Leipzig
Druck und Bindung: C.P.I. Moravia, Czech Republic
Tonaufnahmen und Mastering: Raumstation, Berlin
CD-Produktion: polycopy, Aachen

www.voland-quist.de

Ahne

ZWIEGESPRÄCHE MIT GOTT

Das vierte Buch

Voland & Quist

Zwiegespräche mit Gott – heute:

Vorwort

Ahne kennen heute alle als den Mann, der im Alleingang den *A capella Death Metal* vor dem Ausverkauf gerettet hat. Während sich viele seiner einstigen Weggefährten an den Mainstream anbiederten, und damit den *A capella Death Metal* bis zur Unkenntlichkeit verfälschten, man denke nur die Comedian Harmonists, die drei Tenöre oder Lady Gaga, blieb Ahne standhaft gegenüber allen Anfechtungen des Kommerzes und führte dieses einst so stolze, ja geradezu revolutionäre Genre zu seinen Wurzeln zurück, in dem er sich darauf konzentrierte, was für den *A capella Death Metal* einst das Wichtigste war – die Texte.

Gott hingegen kennen viele heute nur noch als einen, der früher Großes geschaffen, aber von dem man nun schon lange nichts Brauchbares mehr gehört hat. Wie die Stones oder die Toten Hosen machte er dasselbe wie vor tausend Jahren, weil ihm nichts Besseres einfiel. Wahrscheinlich hätte sich auch dieser alte Punker, so wie gerade erst Bad Religion, nicht die Peinlichkeit erspart, ein Weihnachtsalbum herauszubringen. Doch zu seinem Glück traf er auf Ahne. Wie einst Rick Rubin Johnny Cash, rettete auch hier das junge Genie den alten Meister aus der Obskurität. Das vorliegende Liederbuch versammelt ihre neuesten *A capella Death Metal*-Duette zum Nachsingen oder auch einfach nur zum Lesen. Ahne sei Dank!

Marc-Uwe Kling, Januar 2014

Zwiegespräche mit Gott – heute:

Fischers Fritze fischt frische Fische, frische Fische fischt Fischers Fritze

A: Na Gott.

G: Na.

A: Na, kannst du einklich »Blaukraut bleibt Blaukraut und Brautkleid bleibt Brautkleid« aussprechen?

G: Klah.

A: Mach ma.

G: Blaukraut bleibt Blaukraut und Brautkleid bleibt Brautkleid.

A: Schnella, Gott.

G: Blaukraut bleibt Blaukraut und Brautkleid bleibt Brautkleid.

A: Haha!

G: Wat denn?

A: Du hast dir vasprochen, Gott.

G: Janich.

A: Denn mach ma noch schnella.

G: Blaukraut bleibt …

A: Na?

G: Meinste, ick mach allit, wat du sagst, oda wat?

A: Sollick dir weitahelfen, Gott?

G: Nee. Mach du ma.

A: Habick doch schon, janz zun Anfang.

G: Schnella.

A: Blaukraut bleibt Blaukraut und Brautkleid bleibt Brautkleid.

G: Noch schnella.

A: Blaukraut bleibt Blaukraut und Brautkleid bleibt Brautkleid.

G: Haha! Vasprochen!

A: Du machst mir ja bloß allit nach, Gott.

G: Haha! Jetz ärgaste dir!

A: Wahnsinnich lustich, Gott. Meinste, ick merk dit nich?

G: Wat denn?

A: »Haha!«, dit is übahaupt nich dein echtit Lachen, Gott. Dit klingt voll künstlich.

G: Na, ob wohl ma »Haha!« mein echtit Lachen is?

A: Janich. Sonst lachste andas.

G: Na, sag ma, wat meinst du denn?! Gloobste, ick hab nur eene eenzje Lache, oda wat? Ick bin Gott. Ick lache in alle möglichen Lachmöglichkeiten, die de dir übahaupt nur vorstellen kannst. Manchma lachick »Hihi«, manchma lachick »Hoho«, manchma lachick »Hähä« und ab und zu eben ooch »Haha!«, je nachdem in welche Lachsituatjon welchit Lachen anjebracht ascheint.

A: Ein echtit Lachen, Gott, dit kamman übahaupt nich entscheiden, dit kommt einfach so, dit echte Lachen, außin Bauch raus. Dit is mit 'n Glucksen vabunden, oda mit 'n Wiehan, manche schrein ooch bein Lachen oda quieken schrill, bei manche loofen die Tränen oda der Sabba quillt außin Maul, aba jedit echte Lachen is einzichartich, nur uff eene Pason beschränkt, und keens diesa Lachen lässt sich beherrschen, keens kontrolliern. Dit is bein echten Lachen nich andas als wie bein echten Heulen oda bein echten Stöhnen, bein Sex.

G: Na, dit wah ja ma wieda klah.

A: Wat denn?

G: Na Sex. Dit musste ja wohl wieda sein, wa? Du kommst ooch echt von jeden Thema zun Sex hin, wa? Krieg, Saubamachen, Würtschaftswissenschaften, Griebenschmalz oda Tod, der feine Herr landit an Ende doch imma bei seinen Lieblingsthema, bei seinen Schweinkram. Du solltist ma mehr Sex machen, liebas, und wenija von reden.

A: Ach kiek an, ick denke man dürf Sex lediglich zur Ahtahaltung ausüben?

G: Ick bin nich der Papst, Sportsfreund, und jetz Schluss mit den Stuss!

A: Hast du einklich schon ma jeweint, Gott?

G: Wat meinste, wie die Meere hier entstanden sind?

A: Du bist lustich, Gott.

G: Hmm. Du leida nich.

A: Tschüss Gott.

G: Tschüss du.

A: Ach, Gott?

G: Ja?

A: Jibt ja aschreckend ville, die janich mehr richtich lachen können.

G: Oda weinen.

A: Oda ...

G: Lass jut sein.

A: Wieso?

G: Weilick weeß, wat jetz kommt.

A: Blaukraut bleibt Blaukraut, Gott, und Brautkleid bleibt Brautkleid, dit wolltick sagen, dit könn' ooch nich mehr ville.

Zwiegespräche mit Gott – heute:

Wurstzipfelkultur

A: Na Gott.

G: Na.

A: Na, ick muss heut ins Theata jehn.

G: Bewährungsufflage?

A: Nee, habick jeschenkt bekomm'.

G: Für deine herausragenden Leistungen als Kundschafta, bein Schüld und Schwert der Patei?

A: So jut warick damals nu ooch wieda nich. Nee Gott, ick hab dit jekricht, weilick Jeburtstach hatte.

G: Ach kiek an! Jeburtstach. Dürf man fragen wie alt der Herr jeworden is?

A: Als ob de dit nich wüsstist. Fuffzich binnick.

G: Nein, fuffzich?!

A: Ja. Oda hundat, such dir wat aus.

G: Denn, nehmick doch glatt die Fuffzich. Rundit Jubiläum, Glückwunsch. Muss man ooch erstma wern, fuffzich.

A: Einklich binnick ja erst dreißich jeworden, Gott.

G: Kann passiern.

A: Ick mein 18, 18 binnick jeworden.

G: Quersumme neun.

A: Jenau. Und deswejen hat mir meene Frau 'ne Theatakate jeschenkt, zur Volljährichkeit. Eine für mich und eine für sich, damit ma, nach nunmehr zehnjährijen Zusammenseins, ooch endlich ma 'n Wurstzipfel Kultur jemeinsam schnappen könn'.

G: Habta 'ne Krise, oda wat?

A: Wie kommst 'n daruff, Gott? Sehn wa aus wie Griechenland? Ick intrissier ma eben für Kultur und sie sich eben ooch. Wir ham nur nie Zeit, ma jemeinsam 'ne Ausstellung zu besuchen, oda hier, wenn se so singen, uff de Bühne, so ohne Schlagzeuch ..., na?

G: Na?

A: Wie nennt man dit, wenn se ohne Schlagzeuch singen, uff de Bühne?

G: Liedamacha?

A: Nee. Ick mein, wo die Frauen imma so hoch sing' und die Männa imma so tief.

G: Meinste nach de Pubatät?

A: Uff de Bühne, Gott. Is total bekannt. Jabs ooch früha schon.

G: DDR?

A: Noch früha.

G: SBZ?

A: SBZ?!

G: Sowjetisch besetzte Zone?

A: Ach wat. Noch viel früha. Viel, viel früha, Gott. Ick mein die Kunstform, die ... die jabit schon, da jabit noch Ritta und Jungfraun und Elfen und Einhörna.

G: Einhörna jabs nie!

A: Echt nich? Und Elfen?

G: Elfen schon. Aba nur elf.

A: Elf Elfen?

G: Hmm.

A: Na, jedenfalls meene Mutta, Gott, meene Mutta hört dit ooch janz jerne, dit Jesinge und ... Ach, jetz fällts mir wieda ein, Opa.

G: Dir fällt der Name des Vatas deina Mutta ein? Intrissant.

A: Nee. Ick mein, wo se so singen tun, uff de Bühne, ohne Schlagzeug, dit nennt man »Opa«, Gott.

G: Ach. Kultur is wohl echt dein Steckenpferd, wa?

13

A: Wie jesagt, wir ham wenich Zeit. Ej, wat meinste, Gott, wie lange man da imma anstehn muss, bis man endlich ma seine Kohle kricht, inne Storkoa.

G: Ihr habt noch Ofenheizung?

A: Ick mein bein Amt.

G: Abeitiste etwa nich mehr als Gas, Wassa, Scheiße …

A: Ja. Aba schwahz, hauptsächlich, aba psssst, Gott, Feind hört mit.

G: Heute nich. Sind ins Konzert jejangen, die Satanisten. Weeß-ick, weilick ihnen die Katen selba jeschenkt hab.

A: *Du* hast *denen* Katen jeschenkt?!

G: Aba sicha.

A: Und *die* ham dit Jeschenk anjenommen? Von *dir*?!

G: Die wissen ja nich, von wem die Katen sind. Habick ihnen in' Briefkasten jeschmissen, heute früh, in so'n Umschlach, mit-ten Pentagramm druff und 'n umjedrehten Kreuz, beklebt mit 666 Liebesherzchen, umjedrehten Liebesherzchen natülich. Is endlich ma Ruhe, een Abend, unta mir. Jewusst wie!

A: Du hastit jut, Gott.

G: Du doch ooch. Kannst schön ins Theata jehn, heut abend. Kannst schön Kultur jenießen, jemeinsam mit deine Olle. Wie heißtit übahaupt, dit Stück, watta euch ankiekt?

A: Ürgendwat mit K, gloobick.

G: Und in welchen Theata?

A: Berlina Theata?

G: Angßambil wahscheinlich. Berlina Angßambil.

A: Kann sein. Dürf man da einklich Bier mit rinnehm, Gott?

G: Taschenkontrollen machen se meines Wissens in Theatan bis-her noch nich. Und wenna mitten janzen Kasten eintrudilt, gildit dit höstwahscheinlich als Schrillschmuck, könntick ma zumindist vorstelln.

A: Tschüss Gott.

G: Tschüss du.

A: Ach, Gott?

G: Ja?

A: Wat haste den Satanisten denn für Konzertkaten jeschenkt? Sind Mayhem inne Stadt? Oda Gorgoroth?

G: Mayhem? Gorgoroth? Von wat redist du?! Tschaikowski würd jejeben. Schwanensee! Die wern dahinschmelzen, daruff kannste een lassen.

A: Gott?

G: Ja?

A: Schon passiert.

Zwiegespräche mit Gott – heute:

Von wegen simsalabim

A: Na Gott.

G: Na.

A: Sag ma, Gott?

G: Gott.

A: Witzich. Sag ma, du wohnst doch schon imma hier, oda?

G: Du wohnst doch schon imma hier, oda?

A: Och, sind jetz aba echt Kleenkindascherze, Gott.

G: Müssen ooch ma sein. Nimm nich allit so schwer, Sportsfreund. Lach ma wieda. Sei alban. Lass die Sonne in dein Herz.

A: Die passt da nich rin, Gott, habick schon vasucht.

G: Na siehste! Jeht doch. Selbstvaständlich wohnick schon imma hier, wo solltick sonst wohn'? Dit heißt, stümmt nich, bin ja umjezogen, hab ja früha ma inne 63 jewohnt.

A: Aba ick mein, inne Chorina, Gott, da haste imma jewohnt.

G: Türlich. Obwohl se nich imma »Chorina« jeheißen hat.

A: Nee?

G: Nee. Inne DDR hieße ja »Straße der Waffenbrüdaschaft«, in Dritten Reich »Eva Braun-Allee« und bei die Neandathala hieße »Habbababbbagabba«.

A: Habbababbagabba?

G: Janz jenau.

A: Habbababbagabba, Gott? Ohne Straße?

G: Janz recht. Wah ja damals noch keene Straße jewesen, Straßen jabs ja damals noch nich, dit wah ja nur 'n Trampilpfad, wah dit, von die Neandathala.

A: Und wo haste da jewohnt?

G: Na inne 63. Habick doch jesagt.

A: Aba damals jabs doch noch jakeene Häusa.

G: Häusa nich, da haste recht. Da stand die 63 alleen uff weita Flur. Wah keen Zuckaschlecken, dit kannick dir flüstan, wenn nämich die Neandathala wat jerne machten, denn wahn dit Klingilstreiche. Und mangils Altanatiwen blieb die 63 dit einzich erreichbare Opfa. Darum habick ja ooch den Homo sapjens sapjens hierher jelockt, aus Afrika.

A: Damit der die Neandathala ausrottit?

G: Keinesfalls. Ick wollte lediglich, dit der sich dit Häusabaun bei mir abkiekt. Aba denkste! Der stand nur blöde rum und glotzte wie'n Gnu. Ick musste ihn erst aklärn, dittick Gott bin und ihn nach meinen Ebenbild aschuf und er jetz deswejen gleichfalls in Häusan wohnen müsse.

A: Und simsalabim baute der Mensch ...

G: Noch nich! Der tanzte nur um dit Haus drumrum. Ick kann dir sagen, dit bedurfte weitira Anstrengungen, ick musste ihn die Religjon schmackhaft machen, musste jeeignite Medizinmänna awählen, die mit allahlei Hokuspokus die Uffmerksamkeit uff sich zogen, und denen baute ick denn ooch noch ihre Häusa hin. Bis die dit ma selba lernten, ick sage dir, bis dahin floss noch viel Wassa die Spree herunta.

A: Denn wahn die ersten Häusa also Pfarrhäusa jewesen, Gott?

G: Jenau. Also »Pfarrhäusa« hießen se erstma noch nich. Erstma hießen se noch »Medizinhäusa«. Weil die Pfarra ja erstma noch nich »Pfarra« hießen sondan »Medizinmänna«. Pfarra nannten se sich ja erst spätа denn, als die Ärzte dit mit die Medizin lernten und die Hexen.

A: In Osten, Gott, warick ja ma in einen Pfarrhaus jewesen. In Jena. Dit hatte einen sehr schönen Gaten.

G: Der Gaten Eden, hmm.

A: Hieß der so?

G: Ick hab sie sämtlich nach diesen Vorbild anjelegt.

A: Tschüss Gott.

G: Tschüss du.

A: Ach, Gott?

G: Ja?

A: Findiste dit nich ürgendwie ooch traurich, dit die Neandathala ausjestorben sind?

G: Sind se ja übahaupt nich. Ick hab sie lediglich vabannt, nachdem se euch dit mit die Klingilstreiche beijebracht ham. Wenn se ihrn Fehla einsehn, holick se ooch wieda zurück.

Zwiegespräche mit Gott – heute:

Siebzehntausend und 'n paar Zerquetschte

A: Na Gott.

G: Na.

A: Na, haste dit mit den Baumgärtna jesehn?

G: Mit den Felix?

A: Ein Teufilskerl, wa? Hüppt der da einfach außin Weltraum uff unsre schöne Erde runta.

G: Ein Vollidjot!

A: Nun ja. Wennick seine Mutta jewesen wär, hätticks ihn wahscheinlich ooch nich alaubt. Aba ick find dit imma wieda astaunlich, Gott, wozu wir Menschen inne Lage sind.

G: Der hätte sich alle Knochen brechen könn'!

A: Sicha. Aba dit kannste ooch, wenn de dir duschst, Gott, da kannste ooch uffin Stück Seife ausrutschen und zack, bumm, sitzte in' Rollstuhl.

G: Wenn da eena steht, in Bad.

A: Du bist lustich, Gott.

G: Ick mach mir Sorgen. Allit jeht den Bach runta. Klimakatastrophe, Finanzkrise, Bürgakrieg, dit Wassa würd knapp, dit Öl is bald alle, in' Fernsehn kommt nur noch Scheiße, und ihr springt außin Ballong durch die Weltjeschichte.

A: Icke nich, Gott. Ick krieg ja schon weiche Knie, wennick uffin Balkong stehe und runta kieke.

G: Habta Balkong jetz, bei euch?

A: In' Hochpaterre?

G: Na ja? Wohnst doch in Prenzlaua Berg?

A: Du doch ooch?

G: Wat meinste, wat dit jekostit hat, mit den sein Rekordsprung? Davon hätte man Milljonen Kindajärten baun könn', oda Brunnen bohrn, oda jeden Armen 'n Eis spendiern.

A: Hmm. Hättense sich bestümmt jefreut, Gott, die Armen:»Oh, 'n Eis, jetz binnick wohl außin Gröbsten raus!«

G: Imma noch bessa, als allit für nüscht und wieda nüscht zu vaplempan.

A: Der Mensch denkt nu mal nich nur ratjonal, Gott. Der Mensch braucht Zastreuung, er sucht dit Abenteua, er hält Ausschau nach Helden, die dit Unmögliche probiern, die in einen fort vasuchen, Grenzen zu spreng.

G: Anstatta ma die richtijen Grenzen sprengt.

A: Ham wa doch schon. 89.

G: Als ob dit die einzije Grenze jewesen wär.

A: Hätten wa die nach Polen etwa ooch sprengen solln, Gott?

G: Du weeßt, wattick meine.

A: Ick wah ja in Östereich jewesen, Gott, als der Baumgärtna da runtajesprungen is. Die ham dit dort, sage und schreibe, sieben Stunden leif ubatragen, dit Spektakil, uff glei zwee Fernsehsenda. Und in alle Kneipen lief dit. Und alle ham wie jebannt da uffin Bildschürm jestarrt, wo man lediglich so'n Ballong sah und 'ne Zahlenkolonne, die die aktuelle Höhe üban Meeresspiegil anzeigte.

G: Ürre!

A: Oda? Aba ürgendwie ooch faszinierend, findick. Weeßte übrigens, wie dit Bier heißt in Graz, Gott?

G: Grazbier?

A: Nee. Puntigamer. Und weeßte, mit wat Puntigamer in Untatitil uff seinen Etikett würbt?

G: Intrissiert ma nich.

A: Das »bierige« Bier, Gott. Puntigamer Bier würbt in Untatitil uff seinen Etikett mit das »bierige« Bier. Das »bierige« Bier! Krass, oda?

G: Womit habick dit vadient?

A: Tschüss Gott.

G: Tschüss du.

A: Ach, Gott?

G: Ja?

A: Der »käsige« Käse, fändick ooch noch kuhl, die »milchige« Milch oda dit »autige« Auto.

G: Hmm. Und 'ne Stummschaltetaste für euch, die wär erstma kuhl. Ick gloob, ick hab zu tun.

Zwiegespräche mit Gott – heute:

Neue Besen für alten Schmutz

A: Na Gott.

G: Na.

A: Na, ick soll dir wat fragen von jemand ..., also nicht, ditte denkst, icke jetze, mir is dit ejal, jeht mir ja nüscht an und is mir selbstvaständlich ooch völlich Titte, weil, wenn de hättist drüba sprechen wolln, wa, denn hättste dit ja längst jetan, wahscheinlich.

G: Ja.

A: Wahste schon ma valiebt, Gott?

G: Wer will dit wissen?

A: Na, diesa Jemand.

G: Und diesa Jemand hat keen Namen, oda wie?

A: Och, tut doch nüscht zur Sache, Gott. Der möchte ehmd lieba in Hintagrund bleiben, diesa Jemand. Der is jetz nich grade rattenschahf druff von alle Titilblätta zu grinsen.

G: Der?

A: Oda die. Die könntit ooch sein, habick janz vajessen.

G: Na, is ja nich völlich unintrissant, oppit sich nu um eine Dame oda einen Herrn handilt.

A: Findste? Ick wah neulich in Göttingen jewesen, Gott. Und da hingen in den Haus, woick übanachtit hab, so übaall Uffkleba rum, also ..., muss man dazu wissen, in Göttingen, wa, Göttingen wah uns ja schon imma voraus, Gott, dit muss man dazu wissen, in Göttingen, da jabit, als hier noch alle zusammen zur Demo jelatscht sind, da jabit in Göttingen längst einen Frauenblock, und alsit denn bei uns ooch endlich ma 'n Frauenblock jab, da jabit in Göttingen schon längst keen Frauenblock mehr, sondan 'n Frauenundlesbenblock, und als in Berlin endlich ma die ersten Frauenundlesbenblöcke wie Pilze außin Boden schossen, da jabit in Göttingen bereits ...

G: Bananen?

A: Oh Mann, Gott! Dit is NICH lustich! Dafür wärste in Göttingen längst vorn Plenum jelandit.

G: Hölle, Hölle, Hölle!

A: ...?

G: Kannst weitareden, ick hab ma wieda in Griff.

A: Jedenfalls in den Haus, Gott, da hingen so Uffkleba ..., sagt dir dit Wort »Dschenda« einklich wat?

G: Die Neue? Von GZSZ?

A: Jibs dit noch?

G: Wat?

A: GZSZ?

G: Weeß ick doch nich.

A: Na, jedenfalls würd Dschenda »Genda« jeschrieben, also uff Deutsch, also deutsch jelesen, also großit G, kleenit e, kleenit n, kleenit d, kleenit e und 'n kleenit r noch zun Schluss.

G: Genda.

A: Janz jenau. Und Genda heißt übasetzt wohl »Jeschlecht«.

G: Iiieh!

A: Benimm dir ma nich wie'n kleenit Kind, Gott. Außadem is janich dit Jeschlecht jemeint.

G: Sondan?

A: Die Jeschlechtarolle is jemeint. Die sozjale oda psüchologische Seite des Jeschlechts eina Pason, in Untaschied zu seinen biologischen Jeschlecht.

G: Iiieh! Männa mit Muschi! Dit habick nie jewollt!

A: Mann, Gott. Da lacht keena mehr drüba, üba so 'ne billijen Scherze.

G: Nee?

A: Uff jeden Fall wurde man in diesen Haus in Göttingen da uff Schritt und Tritt durch die Uffkleba ermahnt, man möge doch bitteschön ma drüba nachdenken, ob man sich ooch würklich seinen biologischen Jeschlecht entsprechend vahalten wolle, also in diesa von der Jesellschaft uffoktruierten Jeschlechtarolle. Oda ob man dit villeicht ma kritisch sieht.

G: Der Dame nich mehr in den Mantil helfen?

A: Richtich. Oda als Frau in Stehen pullan.

G: Als Mann nach jeden Essen allit wieda fein säubalich auskotzen.

A: Als Frau laut rülpsen.

G: Als Mann leise pupsen und dazu in' Jesicht rot anloofen.

A: Afasst, Gott. Jenau üba sowat sollten wa uns Jedanken machen. Manchma allahdings hattick eha den Eindruck, die Uffkleba würden uff ewich junge Probleme des Zusammenlebens hinweisen, nämich dittit in Klo stinkt, wenn besoffene Tüpen daneben pinkiln, dit sich die Wohnung nich von alleene putzt und dit man ooch ma wat einkoofen könnte, falls man jestan, um nich zu sagen des Öfteren, den janzen Kühlschrank leer jefressen hat, inne WG. Neue Besen ehmd, für alten Schmutz.

G: Bei dir zuhause haste so 'ne Probleme nich, wa? Du, als Gutmensch, machst doch sowieso allit, wie 't die Frauen wolln.

A: Tschüss Gott.

G: Tschüss du.

A: Ach, Gott?

G: Ja?

A: Wahste denn nu schon ma valiebt?

G: Klah. Ick sag aba nich, in wen.

Zwiegespräche mit Gott – heute:

Gott ist nicht meine Großmutter

A: Na Gott.

G: Na.

A: Na, oh Mann ej, ick hab so 'ne Schweißfüße.

G: Issit dir ooch ma uffjefalln, ja?

A: Wir fliegen doch in' Herbst, Gott.

G: Musste zun Abeitsamt, so schnell wie möglich.

A: In Urlaub, Gott, wir fliegen in Urlaub.

G: Habt ihr dit jut. Aba warum fliegen? Kennt ihr denn eure Heimat übahaupt schon?

A: Ja, die kenn wa. Die is schön, Gott. Schöne Plattenbauten, schöne Autobahnen, schöne Schießplätze.

G: Wahta schon in' Harz?

A: Wahn wa.

G: Wahta schon anne Ostsee?

A: Wahn wa.

G: Wahta schon in' … Westawald?

A: Äh, biste jetz 'n deutscha Gott jeworden, oda wat? Haste nich ma jesagt, Gott, du hättist die Welt mit Absicht größa jemacht als nur bis zur Oda-Neiße-Friedensgrenze?

G: Allahdings. Ebend deshalb. Wemman wat schafft, is dit ja janz jut und schön, 'n Schuh draus würd allahdings erst denn, wemman ooch Vaantwortung übanimmt, für dit Jeschaffene.

A: Klah. Aba wat solln wa mit so viel Schuhe, wa? Also, meene Olle wüsste zwah 'ne Antwort druff, aba dafür sind wir Männa ja da, für die Objektiwität, für dit Pragmatische, für die nüchtane Betrachtungsweise.

G: Nüchtan?

A: Na, aba!

G: Deshalb krepiert ihr ooch imma so früh, wa, an Lebazirrose und ähnliche Alkoholikakrankheiten?

A: Wemman die Welt nüchtan betrachtit, Gott, kamman sie nich ohne Drogen ertragen. So is dit nu ma.

G: Ach, so is dit!

A: Ja. Aba ick will mir ja nich mit dir streiten.

G: Wat willste denn?

A: Ick will wissen, von welchen Flughafen wir fliegen. Haste doch sicha mitjekricht, Gott, dit der Flughafen, der neue, der Großflughafen Berlin-Intanatjonal, dit der jetz erst späta fertich würd.

G: Ein neua Flughafen?

A: Ja. Oh Man ej, jetz tu nich so.

G: Dit is ja intirissant!

A: Mann, dit is doch seit Monaten nüscht andirit mehr in' Nachrichten. Der sollte doch ursprünglich in Juni fertich werden, denn hießit, dit vazögat sich wohl um 'n pah Wochen, August oda so, denn hießit Herbst, denn Weihnachten und denn März 2013, und außadem sind wohl die Kosten explodiert, der würd jetz wohl doppilt so teua, oda dreifach, weeßick nich mehr so jenau.

G: Ein neua Großflughafen also! Dit is ja ma intirissant! Und wo soll der entstehen?

A: Der is doch schon da, Gott. In Schönefeld.

G: Moment! Sagtiste nich ebend, du wüsstist nich, von welchen Flughafen du fliegen solltist?

A: Der is da, Gott. Aba noch nich fertich. Fehlt noch der Brandschutz, gloobick.

G: Feualöscha?

A: Ja. Feualöscha und wat man sonst noch so brauch, um 'n Feua auszumachen.

G: Und dit dauat bis März 2013, bisse die Feualöscha besorgt ham?

A: Ja. Villeicht sind dit ja besondire Feualöscha.

G: Bio, wa? Fair-Trade. Dit würde denn ooch die Kostenexplosjon aklärn.

A: Ick weeß dit nich, Gott. Uff jeden Fall hat uns die Flugjesellschaft schon mitjeteilt, dit wir entweda von den alten Flughafen in Schönefeld fliegen oda aba von Tegel oda aba von Halle/Leipzich.

G: Habt ihr nich 'n Gaten, jetz?

A: Gott?

G: Ja?

A: Du bist nich meine Großmutta.

G: Weeßick selba.

A: Gott?

G: Ja?

A: So 'ne Sprüche wie: »Bleib doch lieba im Lande«, »Junge, du musst mehr essen«, »Wat machen denn ihre Eltan« oda »Untenrum imma schön warm anziehn« sind für Großmütta reserwiert, seit Altas her.

G: Wat hier für wen reserwiert is, kannst du janich wissen, Sportsfreund. Und übahaupt, wenn ihr wegen jeden beliebijen Urlaub imma glei mit so'n Stinkeflugzeug ürgendwohin fliegen müsst, ja, denn issit um meine schöne Schöpfung bald jeschehn. Deswejen handil ick als Einzija nämich vaantwortungsvoll, wennick vasuche, die Schickimicki-Luftfahrt so weit es jeht zu begrenzen.

A: Sag bloß, Gott, du hast …!

G: Ick hab die Feualöscha nich jeklaut und zu weitiren Fragen stehick heute definitiw nich mehr zur Vafügung, so!!!

A: Allit klah. Tschüss Gott.

G: Tschüss du. Ach, du?

A: Ja?

G: Wohin wolltita einklich fliegen?

A: Erst ja nach Halle, Gott, aba denn hamwa uns letztendlich doch für Leipzich entschieden. Is in' Alljemeinen dit Wetta bessa.

Zwiegespräche mit Gott – heute:

Der Siebente

A: Na Gott.

G: Na.

A: Na, bist du einklich beschnitten, Gott?

G: Du bist jetz schon der Siebente in die Woche, der mir dit fragt.

A: Ja. Und?

G: Den Achten hauick uff de Fresse, ick schwörs.

A: Hmm. Und?

G: Willste der Achte sein?

A: Kannick ja nich, Gott, ick wah ja schon der Siebente.

G: Ick könnte 'ne Ausnahme machen.

A: Also icke, Gott, ick steh ja voll uff den Standpunkt von die Ärzte. Ick find, jeda Mensch sollte dit selba entscheiden dürfen, oppa da die Vorhaut wegjesäbilt kricht oda nich.

G: Du bist 'n Ungläubiga.

A: Ja.

G: Du vastehst dit nich.

A: Wat jibs denn da nich zu vastehn?

G: Du vastehst nich, dit du dit nich vastehen kannst.

A: Vastehick nich.

G: Siehste!

A: Ick mein, warum könn' die denn nich damit wahten, bis der Piepil 14 is oda bessa noch 16? Könn' ihn ja von mir aus so lange indoktriniern, die Alten, aba wenichstens hätta sich denn selba entschieden.

G: Du vastehst dit nich.

A: Und du wiedaholst dir.

G: Dit jibt 'ne Schrift, Sportsfreund, und in die Schrift steht, dit dit an achten Tage zu passiern hat.

A: Die Beschneidung.

G: Ja. Und dit jibt Menschen, die an mir glooben, die glooben, ick hätte dit höstpasönlich da rinjeschrieben. Icke! Gott!

A: Und? Haste?

G: Ick find dit jut, dit imma noch Menschen die Kraft uffbringen an mir zu glooben. Trotz Leuchtreklame und Intanet, trotz käuflichen Sex, Konsumterrors und atheistischen Hasspredigan.

A: Atheistischen Hasspredigan?

G: Allahdings!

A: Predigen, Gott, dit Wort kanntick bisher einklich nur vonne Religjon her.

G: Kannste ma sehn. Ja, man lernt imma wat dazu in sein Leben.

A: Jeschickt, Gott.

G: Wat?

A: Jeschickt jemacht haste dit.

G: Wat denn?

A: Abjelenkt. Du hast abjelenkt. Ick hab dir jefragt, ob de dit da rinjeschrieben hast und du hast janich dadruff jeantwortit, sondan wat janz andrit jesacht, mit einen Reizwort drin, uff dit ick sofort anjesprungen bin.

G: Intilligenten Menschen hätte meine Antwort absolut jenücht, die würden sich den Rest selba zusammenreimen, du Pfeife. Man muss nich imma mittin Holzhamma übaall ruffhaun. Gott führt gern die feine Klinge.

A: Komm, du bist doch bloß feije. Du willstit dir doch lediglich nich mit die andan vascherzen. Oda mit die eenen. Ob se ihrn Kindan nun wat wegschnippiln oda nich, du willst se alle bei de Stange halten.

G: Warum solltick meene vätalichen Jefühle untadrücken? Warum? Ick jeb niemanden valoren, ooch dir nich, mein Freund.

A: Ach, Gottchen.

G: Tu nich so awachsen.

A: Wir könn' ja so machen, Gott, du sagst mir ob de beschnitten bist oda nich, und ick gloob dir dit einfach.

G: Janz schön kindisch. Nee, wir machens so: Du gloobst an mir und in' Jegenzug dafür krichste 'n Lutscha.

A: Hmm. Klingt valockend.

G: Oda?

A: Tschüss Gott.

G: Tschüss du.

A: Ach, Gott?

G: Ja?

A: Haste einklich schon jehört, dit 'ne Frau, die einma mit 'n beschittenen Mann jeschlafen hat, nie wieda mit einen unbeschittenen Mann schlafen möchte?

G: Hmm, habick jehört.

A: Und dit in Amerika mehr als 100 % der Männa beschnitten sind, weil man denn keene Krankheiten mehr kricht?

G: Habick jehört, ja.

A: Und dit man sich nie wieda seinen Pulla waschen muss, weil …

G: Dit habick ooch jehört! Leida habick dit jehört.

Zwiegespräche mit Gott – heute:

Kritik der Kritik

A: Na Gott.

G: Na.

A: Na, Benno Türpholz hat die Weltmeistaschaften in Hürschrufen jewonn, Gott.

G: Und uff welchen Platz bist du jelandet?

A: Ick mach doch bei sowat nich mit, Gott. Hürschrufen, ick bitte
dir! Aus den Alta binnick nu wahrlich raus.

G: Stümmt. Würst ja bald 60, wa?

A: Imma noch jünga als wie du.

G: Ja. Tolle Wurst. Obwohl de mächtich an Uffholn bist, wie mir
scheint.

A: Die Zeit, Gott, lässt sich nich übalisten.

G: Hast du 'ne Ahnung, Sportsfreund, hast du 'ne Ahnung!

A: Schon die neue Heino-Platte jehört, Gott?

G: Meinste, bloß weilick 'n pah Jahre mehr uffin Buckil hab, las-
sick mir in die Niederungen volkstümlicha Fäkaluntahaltung
falln? Nee, nee, meene Ohrn müssen sich schon oft jenuch
beleidijen lassen. Wennicks inne Hand hab, vasuchick den
Bogen nich zu übaspannen.

A: Die is janich ma so schlecht, Gott. Die is witzich. Sind so Kaw-
wa-Wersjonen druff, uff die, von deutsche Pop-Bänds.

G: Hmm. Und Adolf Hitla wah ein juta Mala.

A: Du imma mit deine Nazi-Vagleiche, Gott. Machst ja bloß Uli Hannemann nach.

G: WER is Uli Hannemann?

A: Ein Denka, Gott, ein Schriftstella, ein Freund.

G: DU hast 'n Schriftstella zun Freund?!

A: Bloß weilick nüscht jelernt hab, heißtit noch lange nich, dittick mir nur mit meinesgleichen umgebe. Ick vakehre in die höchsten Kreise, Gott, in die höchsten Kreise vakehrick!

G: Sodom und Gumera! Weeß deine Olle davon?

A: Hmm. Jetz musste bloß noch »Nega« sagen, Gott. Stammtüschniwo is dit. Untastit Stammtüschniwo!

G: Trägst ja deine Nase janz schön hoch.

A: Immahin behauptick nich, dittick Gott bin.

G: Biste ja ooch nich.

A: In Jejensatz zu dir, wa?

G: Allahdings!

A: Und warum machste denn nüscht, jegen den Hunga inne Welt, Gott? Jegen die schreienden Unjerechtichkeiten? Jegen Diskriminierung, den Klimawandil, die Umwandlung von Miet- in Ferjenwohnungen?

G: Wat weeßt du schon, wat ick mache?

A: Jestan zumindist haste Flaschen wegjebracht. Habick jesehn, Gott. Zwee Beutil mit Flaschen haste wegjebracht.

G: Kannst nich aus deine Haut, wa? Imma noch die alte Stasi-Votze!

A: Nazi-Sprüche, Homophobie, Sexismus. Mit wat dürfen wa als Nächstit rechnen?

G: Häh?! Schizophrän?!

A: Behindatenfeindlichkeit, okee.

G: Jenau. Kannste notiern und zu deinen Führungsoffizier faxen.

A: »Posten« heißt dit, Gott, »posten«. Ooch die Stasi jeht mitte Zeit. Wir ham jetz Kompjuta.

G: Noch mit Röhrn oda schon Flachbild?

A: Ick sag ma … Röhrn. Der Klassenfeind soll uns ruhich untaschätzen.

G: Ach, binnick jetz schon dein Feind, ja?

A: Pasönlich biste meen Freund, Gott. Aba vonne Klasse her biste nu ma meen Feind. So is dit nu ma. Bist schließlich keen
Abeita und 'n Baua biste ooch nich und zu die vabünditen
Schicht der fortschrittlichen Intilligenz würdick dir ehrlich
jesacht ooch nich zähln, rückständich religjös wie de dir jibst.

G: Brauchst 'n Bier, wa?

A: Brauchen nich, aba haste eens?

G: Nee.

A: Na denn. Tschüss Gott.

G: Tschüss du.

A: Ach, Gott?

G: Ja?

A: Dit man die Ureinwohna Amerikas »Indjana« nennt, wa, dit
is doch die allahgrößte Sauerei. Ick mein, die Menschen eines riesengroßen Doppilkontinents nach einen weit entfern-
ten Land zu benenn', wohin ürgendwelche Weißen zu blöde
wahn hinzusegiln, dit setzt ja den Janzen nu würklich die Kro-
ne uff. Dit is doch in Prinzip nüscht andrit als zu Wietnamesen
»Fidschis« zu sagen.

G: Als oppa sonst keene Probleme hättit. Viel Spaß wünschick,
bein Umschreiben von Karl May.

Zwiegespräche mit Gott – heute:

Frischer Wind

A: Na Gott.

G: Na.

A: Na, haste schon von die neuen Patei jehört?

G: Die Piraten-Patei?

A: Die sind doch mittlaweile ooch schon wieda alt, Gott. Die jehörn doch mittlaweile zu die etablierten Pateien mit dazu. Nee, die neue Patei heißt »Altanatiwe für Deutschland«.

G: Altanatiwe für Deutschland, Altanatiwe für Deutschland? Sacht mir ehrlich jesacht nüscht.

A: Sind so alte Männa, Gott, die früschen Wind inne politische Landschaft bring' wolln. Tüpen, die normalaweise ständich inne Tohkschohs rumsitzen. Hans-Olaf Henkil, Gott, kennste Hans-Olaf Henkil?

G: Muss man den kennen?

A: Muss man nich, aba wemman öftas Fernsehn kiekt, kommt man praktisch nich drum herum, den zu kenn'. Der is so jegen den Euro, Gott, und für mehr würtschaftlichen Sachvastand.

G: Ah ja. Ma wat janz Neuit. Früscha Wind sozusagen.

A: Du sagstit. Hui buh! Janz früschen Wind bringt der in jedit Fernsehstudjo. Is ooch eena von die Tüpen, der 't schafft, sich andauand inne Medjen drüba zu beschwern, dit DIESE Positjonen wie SEINE nich zu Wort komm' lassen.

G: Ein Würrkopf?

A: Würdick janich ma sagen. Ick gloob, da steckt Strategie hinta. Man will eben so tun, als sei man untadrückt, weeßte, als sei man jegen dit Esteblischment.

G: Wer zweema mit die Gleichen pennt ...

A: Jenau. Dit hat imma Scharm, Gott. Wemman noch dazu diwerse Spießaparolen vakündet, so »der fleißich abeitende deutsche Mann«, weeßte, »würd dauand belogen und betrogen« und »die da oben« und »die in Süden sind einfach noch nich so weit« und »unsre jute, alte D-Mahk«, dit allit mit jenügend Medjenpräsenz ins rechte Licht jerückt, denn ... die Müschung machts, Gott.

G: Und du hast dit allit durchschaut? Meine Hochachtung!

A: Na, ick intrissier ma eben für Politik. Haste ma 'n Bier?

G: Nee. Aba 'ne Milch kannste haben. Willste 'ne Milch?

A: Ick find dit intrissant, Gott, wat da für 'ne Strategie vafolgt würd, so von oben her kommen, mit Jeld, Fernsehn und Pipapo, aba so tun, als wäre man die Stümme außin Volke, der Andadog, der den Mächtijen mächtich uff de Finga kloppt. Ick mein, der Henkil, weeßte, der wah Präsident vonne Industrie- und Handilskamma, oda von Bund deutscha Industriella oda wat weeß icke, und zwah nich nur 'n pah Monate, nee, dreißich Jahre, Gott, wah der Präsident vonne Industrie- und Handilskamma.

G: Und jetz trägta Glatze, Springastiefil und hat 'ne Bombajacke an?

A: Quatsch, Gott. So eena is dit nich. Außadem jibs so 'ne Nazis janich mehr. Die sehn höstens inne Tagesschau noch so aus, wenns ma wieda zu rechta Jewalt jekommen is, denn zeigen se inne Tagesschau seit 20 Jahrn imma ditselbe Foto. Denn könn' sich die Bürga in ihre Kleinstädte wieda bequem zurücklehn', weil, so 'ne Jungs, die sind ihnen schon seit Jahrzehnten nich mehr unta de Oogen jetreten.

G: Ick hab aba neulich so een' jesehn.

A: Een' mit Glatze, Bombajacke und Springastiefil, blankpolierte Springastiefil, Gott?

G: Janz jenau so een.

A: Und? Hattiste Angst?

G: Ick bin Gott!

A: Wah bestümmt an Kristoffa Striet Däj, wa? Oda an ürgend 'n andan Feiatach von die Schwulen. Jibt so 'ne Fetisch-Szene bei die, in der ziehn se sich noch so an.

G: Worüba du allit Bescheid weeßt.

A: Ja, wa? Ick bin ziemlich klug, Gott.

G: Umtriebich biste.

A: Vor allen aba vorausschauend. Ick weeß meist schon Jahre vorher, Gott, wohin jewisse Entwicklungen einst führn wern. Da warnick ooch imma wiedas vor. Aba uff mir hört ja keena, hört ja keena uff mir.

G: Villeicht wärist du ja die Altanatiwe für Deutschland?

A: Wennick so 'ne Ambitjonen hätte, sicha, Gott. Aba, mussick ehrlich sein, fehlt mir der Ehrgeiz zu, lohnt sich außadem nich. Vadient ja jeda popliche Vorstandsvorsitzende mehr, als wenn de in Deutschland Bundiskanzla bist. Tschüss Gott.

G: Tschüss du. Ach, du?

A: Ja, Gott?

G: Sag ma: Tomate.

A: Tomate.

G: Deine Oma kann Karate.

A: Haha. Lustich, Gott. Aba meene Oma is tot.

Zwiegespräche mit Gott – heute:

Nach Tisch

A: Na Gott.

G: Na.

A: Na, jestan hat so'n Hund inne Straßenbahn jekackt, Gott.

G: Ick hab grad jejessen.

A: Ick ooch. Bei mir jabs Katoffiln mit Müschjemüse und Käse.

G: Käse?

A: Ja, Käse. Is so … aus Milch wat. Ein Produkt aus Milch, Gott.

G: Katoffiln mit Müschjemüse *und Käse*?!

A: Ja. Ick ess ja keen Fleisch mehr.

G: *Du* isst keen Fleisch mehr?!

A: Na ja. Sagen wa, ick schränke meinen Fleischkonsum gerade ein, und zwah beträchtlich, Gott.

G: Beträchtlich.

A: Ja. Ick ess nur noch besondire Sachen aus Fleisch. Blutwurst, Kohlrulade, Sauabraten, Körriwurst, sowat.

G: Schnitzil?

A: Jenau. Schnitzil. Schnitzil ooch.

G: Und zu Weihnachten 'ne Gans?

A: Klah.

G: Aha. Aba ansonsten schränkste deinen Fleischkonsum deutlich ein, mit Betonung uff deutlich.

A: Is wichtich, Gott. Würd viel zu ville Fleisch jejessen, weltweit. Und dit is ja nich jut für die Ressurzen, ooch wejen den Wassakreislauf. Man könnte alle Menschen vanünftich anähren, Gott, wenn wa nich mehr so ville Fleisch essen würden.

G: Nur ab und zu 'ne Bockwurst.

A: Schön mit Sempf, ja. Ick hab ürgendwie die Afahrung jemacht, Gott, dit die Bockwürste da an besten sind, wo se an billichsten sind.

G: Haste dit?

A: Habick. Hattick dir einklich schon azählt, Gott, dittick neulich in Kleinmachno, wat man übrigens in einen Wort und zusammen schreibt, dittick in Kleinmachno die teuaste Körriwurst meines Lebens jejessen hab?

G: Kleinmachno schreibt man zusammen *und* in einen Wort?!

A: Ja. Hattick dit azählt?

G: Hattiste.

A: 6,80 Euro, Gott, 6,80 Euro hat die jekostit.

G: Ick weeß.

A: Und denn wah dit einfach nur ürgend so 'ne Bratwurst, wo se zwee Kellen Ketschap rübajekippt hatten, aba dafür konnte man seine Hände uffin Klo da in einen Ährwulf trocknen lassen.

G: In einen Ährwulf.

A: Luftwolf, Gott. Dit heißt »Luftwolf«, uff Deutsch heißtit: »Luftwolf«.

G: Klingt jefährlich.

A: Man dürf ja nich mehr Handtücha uff Klo häng', Gott, inne Gaststätte. Wegen die Hügjene. Nur noch welche aus Papier oda Luftwölfe.

G: Und warum haste dir für 6,80 Euro 'ne Körriwurst jeholt?

A: Ick musste dit nich bezahln, Gott, ick bin einjeladen worden.

G: Und Katoffiln mit Müschjemüse und Käse wah bereits aus?

A: Dit handilte sich um ein piekfeinit Restorang, Gott. Müschjemüse. Ick bitte dir! Dit Wort dürfste da wahscheinlich nichmas in Mund nehm. Müschjemüse!

G: Nur Körriwurst.

A: Mit einen Augenzwinkan, Gott, mit einen Augenzwinkan.
G: Na, viel Spaß noch, bein Weltretten, mit einen Augenzwin-
kan.
A: Tschüss Gott.
G: Tschüss du.
A: Ach, Gott?
G: Ja?
A: Wat isst du einklich an liebsten?
G: Müschjemüse.
A: Müschjemüse?
G: Müschjemüse.

Zwiegespräche mit Gott – heute:

Imitationen von mir

A: Na Gott.

G: Na.

A: Na, ick sehe wat, wat du nich siehst.

G: Gloobick nich.

A: Is aba so.

G: Gloobick trotzdehmd nich.

A: Musste ja ooch nich.

G: Sowieso.

A: Du hast da 'n Fleck, Gott.

G: Kennick schon.

A: Schade. Findste einklich ooch, Gott, dittit um janüscht mehr jeht, heutzutage?

G: Nee. Findick nich.

A: Keena is mehr von ürgendwat übazeugt, imma musste glei differenzieren, niemand sagt, watta würklich denkt, allit hohle Phrasen, und wemman ma azählt, dit man wat würklich ernst meint, würste ausjelacht.

G: Sollnse den rechten Ahm hochreißen und zackich zustümm'?

A: Dit meinick, Gott. Üba allit würd sich lustich jemacht. Wemman beklagt, dit die Ahmen imma wenja kriegen und die Reichen imma mehr, würste jefracht, ob de 'n Taschentuch brauchst. Wemman behauptit, dittit doch scheiß ejal is, ob de

nu aus Deutschland, Israel oda Äjypten bist, würste misstrau-
isch beäugt, weil se denken, in nästen Atemzug sagste wat jegen Juden, wenn dir 'n Anachiezeichen anne Backe baumilt,
glooben se, ditte jetz ooch een uff Feschenwicktim machst.

G: Uff wat?

A: Vajissit. Ick traua manchma den Schwarz-weiß-Denken nach,
Gott.

G: Ja, bunt is nich jedamanns Sache.

A: Franz-Josef Wagna, Gott, hat inne BILD-Zeitung jeschrieben:
»Lachen und Satire ist absolut falsch.«

G: Is doch dit Jegenteil.

A: Ebend!

G: Vastehick nich.

A: Ick ja ooch nich, Gott. Dit is ja dit Schlümme. Ick vasteh dit
allit nich mehr.

G: Würst alt.

A: Wenn Pferdefleisch inne Schöttebullah is, Gott, denn is dit
doch wat für die Spalte »Vamüschtit«, denn könnte dit unta
»Wat sonst noch jeschah« abjedruckt werden. Vier Zeilen, al-
lahhöstens. Stattdessen widmen sich so jenannte serjöse Ma-
gazine mehrere Ausjaben lang diesen bescheidenen Thema.

G: Meine Jüte. Jibt Schlümmerit.

A: Dit is ja der Skandal, Gott! Wesentlich Schlümmeret jibtit!
Aba 't intrissiert keenen mehr! Die Leute giern danach, ob
Tofu mit Hundeinnereien jestreckt wurde, ob man von Kinda-
schokolade besoffen wern kann, wemman 100 Kilo vadrückt,
oda ob Deutschland statt AAA künftich nur noch AA kricht.

G: Anale Phase.

A: Absolut!

G: Is häufich so, wemman alt würd. Denn kehrt man zu seine
Ursprünge zurück. Zu seine Wurziln. Völlich normal. Könnta
nüscht für.

A: Ick will dit aba nich, Gott. Ick will dit nich hörn, ick will dit
nich sehn, und vor allem willick nich mitmachen, dabei.

G: Ick will nich, ick will nich, ick will nich. Musste dir inne Ecke
stelln.

A: Dit meinick, Gott! Jenau dit meinick! Du bist schon wie die!
   Du machst dir lustich!

G: Brauchste 'n Taschentuch?

A: Tschüss Gott.

G: Tschüss du. Ach, du?

A: Ja, Gott?

G: Du … hast da wat?

A: Wo denn?

G: Na … da.

A: Hier?

G: Reinjelegt!

Zwiegespräche mit Gott – heute:

Hier ein Schwätzchen, da ein Schwätzchen

A: Na Gott.

G: Na.

A: Na, ick hab doch jetz so'n Altasfleck uff de Nase, Gott, siehste den?

G: Sehick, ja.

A: Villeicht issit ooch keen Altasfleck, Gott, vileicht issit ja 'ne Sommasprosse.

G: Nee. Issin Altasfleck.

A: Aba könnte ooch 'ne Sommasprosse sein, weil, hat doch neulich die Sonne jeschienen.

G: Is aba keene Sommasprosse. Issin Altasfleck.

A: Ja, denkst du, Gott. Aba du bist ja keen Ahzt.

G: Ick bin Gott!

A: Sicha. Ma 'ne andre Frage …

G: Ick kann dir nüscht borgen.

A: Nee?

G: Nee. Also, ick könnte schon, aba ick will dir nüscht borgen.

A: Warum 'n nich?

G: Weil dit nich in deinen Sinne wär. Weil dit janich jut für dich wär. Weil de denn imma wieda kommen würdist. Du musst ooch ma lernen für dir selba zu sorgen, Sportsfreund. Nich imma bis fünwe nachmittachs penn' und denn jemütlich durch die Pahkanlagen stolziern, hier 'n Schwätzchen, da 'n Schwätzchen, dazwüschen abwahten und Tee trinken, so würd dit nüscht, mein Besta, da kommste nich vonne Stelle, dit macht dir unglücklich, pöh a pöh.

A: Ick bin aba janich unglücklich, Gott. Mir jehts jut.

G: Denkst du.

A: Ja. Wat solltick sonst für Maßstäbe anlegen, wat andire üba mich denken?

G: Obaflächlich denkste, dittit dir jut jeht. Tief in dir drinne aba denkste wat andrit.

A: Wat denkick denn tief in mir drinne, Gott?

G: Da denkste: Oh Mann, oh Mann, oh wei, oh wei, wie soll dit nur ausjehn, wie soll dit nur weitaloofen? Is allit so sinnlos, so abgrundtief öde, ick kann nüscht, ick bin nüscht, jebt mir eine Uniform.

A: Ick will keene Uniform, Gott. Weda obaflächlich noch unta-flächlich.

G: Wah 'n Spruch.

A: Ick jeb dir dit Jeld ooch morgen wieda.

G: Morgen?

A: Morgen in eene Woche, ja.

G: Wenn de in Lotto jewinnst, oda wie?

A: Haste jehört, Gott, dit der eene, hier, der 70 Milljonen oda so in' Lotto jewonnen hat, dit der janich sein Jeld abjeholt hat?

G: Nee. Is außadem nich in meinen Sinne.

A: Dit der sein Jeld nich abholt?

G: Dit man sein Lebensuntahalt mit Glücksspiel bestreitit. Dit is keen ehrlich aworbenit Jeld. Dit is Lug und Trug, Teufilszeuch is dit.

A: Wenn ick 70 Milljonen in Lotto jewinn' würde, Gott, denn würdick …, also ick würde 69 Milljonen, jut, sagen wa 68, oda bessa 66, 66 is 'ne runde Zahl, 66 Milljonen würdick ab-jeben davon, für ahme Menschen, für notleidende Kinda, un-taanährte Rentna, krebskranke Querschnittsjelähmte und die Dritte Welt, oda ooch humanitäre … Grienpieß, zun Beispiel, findick 'ne stahke Sache, Gott, wat die machen, die Wale und so, haste doch bestümmt schon jehört, oda? Dit die imma die Wale zurückschubsen, ins Meer?

G: Es würde der Welt wesentlich mehr helfen, wenn de erstma für dich und deine nästen Anjehörigen Vaantwortung übanehmen würdist.

A: Machick ja außadem, Gott. Deswejen ja nur 66 Milljonen. Blieben ja noch vier Milljonen üba für mir, meene Olle und die Kinda. Dit reicht, Gott, ick bin jenügsam. Vier Milljonen, damit würden wa locka üba de Runden komm', erstma. Dit müsste langen. Und die Schulden würdick natühlich zurückzahln, Gott, krichste wieda, deinen Fuffi, mit Zins und Zinseszins.

G: Zins und Zinseszins?! Denk dran, wer vor dir steht! Du vasündichst dir!

A: Aba zun Bier dürfick dir schon einladen, ja, oda zun Kaffe?

G: Jetze?

A: Von mir aus ooch jetze, Gott, wenn d' it erstma vorstreckst?

G: Jeh abeiten!

A: Du bist jemein, Gott. Tschüss Gott.

G: Tschüss du.

A: Ach, Gott?

G: Ja?

A: Wennit nu doch 'ne Sommasprosse is, wat kriegick 'n denn von dir?

G: Mannmannmann. Und mit sowat wollten se den Sozjalismus uffbaun. Lachhaft. Einfach lachhaft.

Zwiegespräche mit Gott – heute:

Die beste Medizin

A: Na Gott.

G: Na.

A: Na, ab wann is einklich so'n Krieg für dich heilich, Gott?

G: Willste mir prowoziern?

A: Keinesfalls. Ick hab 'ne janz normale Frage jestellt. Sprechen doch dauand welche von Heilijen Krieg, Gott. Heilija Krieg hier, Heilija Krieg da. Dauand sprechen welche von Heilijen Krieg.

G: Ein Krieg is niemals heilich, hörste?! Niemals is ein Krieg heilich! Ein Krieg kann übahaupt nich heilich sein, außa …

A: Außa?

G: Außa …, nee, dit is absolut unwahscheinlich.

A: Wat is absolut unwahscheinlich, Gott?

G: Dit … dit is so unwahscheinlich, dittit nichmas lohnt Auskunft darüba zu jeben, wat so unwahscheinlich is.

A: Und wenn die Ahmeen des Teufils angreifen?

G: Hmm. Die Ahmeen des Teufils. Haha. Der wah jut. Hahaha-ha! Des Teufils. Mannmannmann. Du bist echt 'n Scherzkeks. Die Ahmeen des Teufils! Des! Teufils! Des! Ahmen! Teufils! Ui, ui, ui. Der wah echt dein Besta, seit … imma.

A: Lach mich nich aus, Gott.

G: Ick lach doch janich. Ick … hihihihi! Des Teufils, die Ahmeen des Teufils, Tschuldigung, aba dit treibt mir regilrecht die Tränen inne Oogen.

A: Wat is denn dadran so lustich, Gott?

G: Nüscht. Dit … dit vastehste nich. Dit is mehr so für Inßeida, für Inßeida is dit … lustich.

A: Denn mach mir jefällichst zun Inßeida, Gott!

G: Dit … leida. Dit jeht leida nich. Leida jeht dit nich. Würdick echt machen, vastehste? Uff de Stelle würdick dit machen. Aba jeht leida nich. Leida, jeht dit nich.

A: Warum jeht 'n dit nich?

G: Weil … dit nich jeht.

A: Ach darum.

G: Jenau darum.

A: Herrschaftswissen oda wat?

G: Herr… Herr… Herrschaftswissen, hahahaha! Der wah ooch nich schlecht. Herrschafts… Herrschaftszeiten! Du bist ja voll in deinen Element, wah? Ein Knalla nach 'n nästen! Herrschafts… willste mir totkitziln, oda wat?

A: Haste jekifft, Gott? Oda Pilze? Haste etwa Pilze jenomm?

G: Würdick nie machen. Indjanaehrenwort! Is nämich janich jut, habick jehört.

A: Kiek mir ma inne Oogen, Gott.

G: In welche denn? Hahahaha! Ooch nich schlecht, oda? Du hast ma regilrecht anjesteckt mit deine Rumalberei.

A: Gott? Dit würd mir langsam unheimlich. Ick trau mir schon janüscht mehr zu sagen.

G: Wieso denn nich? Wieso denn nich? Nich so schüchtan! Meine Herrn, bloß weil ma jelacht worden is? Lachen is jesund! Lachen is die beste Medizin!

A: Ick jeh denn ma lieba, Gott.

G: Ja. Jeh ma. Jeh mit mir, ick mein, in Frieden, jeh, hihihi, in Frieden. Aba uffpassen, bein Runtajehn, ja, nich üba die Ahmeen des Teufils stolpan. Die Ahmeen des Teufils! Ick fassit nich! Den mussick mir direkt uffschreiben, den kannick … Die wern zusammenbrechen vor Lachen, die wern sich krumm kringiln. Des Teufils. Alta Schwede.

A: Tschüss Gott.

G: Tschüss du … Spaßmacha der Säsong.

A: Ach, Gott?

G: Ja?

A: Wenn die alle wüssten, für wen se da in ihrn Heilijen Krieg ziehn.

G: Ja, wa? Dit … Wenns nich so komisch wär, wär 't direkt traurich.

Zwiegespräche mit Gott – heute:

Die Einladung

A: Na Gott.

G: Na.

A: Na, ick hab doch 'n Freund, Gott, also 'n Kumpil. Also wir kenn uns seit Jahren, wir wahn schon zusammen in' Osten und bei de Ahmee und so 'ne Scherze.

G: Und jetze haste dir in ihn valiebt. Kommt vor.

A: Nee. Aba Gott, ick hab Tatsache jedacht, dit der schwul wär, weil, der wah einklich imma alleene.

G: Seit wann sind Schwule imma alleene?

A: So meinick dit nich. Aba ... der hatte nie 'ne Freundin, weeßte?

G: In Jegensatz zu dir, wa? Du imma an jeden Finga zwölf.

A: Quatsch, Gott. Wär mir viel zu anstrengend. Ölf okee, aba zwölf? Nee, uff jeden Fall hat der dreißich oda soja vürzich? Nee, vürzich nich, aba dreißich Jahre hat der bestümmt alleene jelebt, der Kumpil.

G: Dein Freund?

A: Richtich. Und urplötzlich kommt doch jestan von ihn so'n Brief zu mir hinein jeflattat, in meinen Briefkasten, meinen würtuellen, und da steht, also ick zitiere ma: »Hiermit lade ick dir zu meine Hochzeit mit meine liebe Frau ein. Bringe bitte Jeschürr mit, zun Zaschmeißen, sowie jute Laune.« Krass, oda?

G: Absolut. Eine Unsitte, diesit Jeschürrzaschmeißen. Warum ihr imma allit kaputt machen müsst? Da hat sich jemand Mühe jejeben, hat in' Schweiße seines Anjesichts Porzellan jeschöpft, um daraus Tella zu formen, und wat macht ihr? Fensta uff und raus die Dinga und scheppa und peng, und dit nennta denn: »Spaß haben«! Hürnis seid ihr, absolute Vollhürnis!!!

A: Dit issin Brauch, Gott, und dit meinick ooch janich. Ick find dit komisch, dit der glei heiraten tut. Ick meine dreißich oda lassit zwanzich Jahre jewesen sein, alleene, weeßte, und denn, kaum hatta sich ma vaknallt, schwupp ins Jefängnis der Ehe einloofen, kommick ürgendwie nich klah mit. Ick meine, dit muss doch schiefjehn, dit riecht doch rejelrecht nach Tragödje.

G: Bloß weil du noch nich die Richtje jefunden hast?

A: Ick bin mit meine Olle glücklich, Gott. Seit … Jahren. Selbst wenn se manchma nervt.

G: Aba vaheiratit biste nich.

A: Wozu? Ick will mit sie zusammensein, weilick jerne mit sie zusammen bin und nich weilick sonst inne schlechtire Steuaklasse komme.

G: Du hast Angst vor Bindung.

A: Ick hab doch keene Angst vor Bindung. Ick doch nich! Hallo?! Angst vor Bindung? Ick gloob meen Hamsta bohnat! Wovor solltick 'n da Angst ham, Gott?!

G: Dittit keen Zurück mehr jibt?

A: Na aba sicha, keen Zurück. Weeßte wie oft Joschka Füscha schon vaheiratit wah? Oda Arnold Schwarzenegga? Oda Miree Mattjöh?

G: Nee.

A: Icke ooch nich, aba jedenfalls öftas. Man dürf sich neuadings scheiden lassen, Gott, wovon ooch rege Jebrauch jemacht würd, jedenfalls bei die säkular Jesinnten.

G: Sodom und Gumera!

A: Hmm, müsste man ooch ma wieda hin, wa? Hier frierste dir ja nur 'n Ahsch ab.

G: Hat dir deine Freundin würklich nie jefragt, ob ihr den Bund der Ehe besiegeln lassen wollt?

A: Die?! Die fragt höchstens, wannick ma die Klobrille ruffschrau-
be, die neue, ob die Fensta schon dicht sind, oda warummick
die Schlüppa mit den ausjeleiaten Gummiband noch imma
nich wegjeworfen hab.

G: Romantisch.

A: Praktisch, nennt sie dit. Tschüss Gott.

G: Tschüss du.

A: Ach, Gott?

G: Ja?

A: Haste villeicht ma 'n Anzuch oda sowat, den de mir für die
Hochzeit ausborgen könntist?

G: Kiek an! Da solls 'n Anzuch sein, ja? Spießa!

Zwiegespräche mit Gott – heute:

Im Rahmen des Machbaren

A: Na Gott.

G: Na.

A: Na, neulich habick echt jedacht, ick habs anne Ohrn.

G: Hmm.

A: Ick saß da inne Baiz, weeßte? Baiz, Gott, die Kneipe anne Ecke.

G: Hmm.

A: Die Baiz, die da raus muss, weil ürgendwelche Lackaffen dit Haus jekooft ham.

G: Jekooft, hmm.

A: Schon 'n starket Stück, oda? Ick mein, da schuftiste da seit Hundate von Jahren, stemmst een Bier nach 'n andan uffin Tresen, lässt dir 'n Ohr abkaun und danach noch dit andire, und denn kommt da plötzlich so 'ne Heuschrecke und sagt, ditte dir janich erst Hoffnungen machen brauchst, weil de sowieso raus musst, demnäst.

G: 'ne Heuschrecke?

A: Von die Lackaffen.

G: Ach so.

A: Ick mein, die Tüpen vonne Baiz, weeßte, die ham ja soja jefragt, wie ville die neue Miete denn betragen solle.

G: Hamse?

A: Hamse. Aba der Horst hat einfach nur abjewinkt. Der hat bloß jesagt: »Hier komm' Büros rin.«

G: Horst heißta?

A: Der Volleima, ja. Ick mein, Büros, Gott, Büros! Also, wenn unsre Gegend wat braucht, denn sind dit ja wohl Büros.

G: Is dit so?

A: Dit wah Sakasmus, Gott. Selbstvaständlich brauch unsre Gegend keene Büros!

G: Sondan? Gastronomische Einrichtungen?

A: In alljemeinen nich. Ick mein, kiek dir ma um, Gott. Bleppoläden jibs wie Sand an' Meer, wo de Schnurzifurz an Kraxlipax krichst, jerührt oda jeschüttilt, für'n halben Monatslohn. Daran besteht wahrlich keen Mangil. Aba die richtijen Kneipen wern rar, wo de ooch ma mitte Faust uffin Tüsch haun kannst, ohne glei Hausvabot zu kriejen.

G: Kannst doch ooch zuhause uffin Tüsch haun, mitte Faust.

A: Ebend, Gott! Machen ja schon viel zu ville. Die sitzen da alleene zuhause, uff ihrn Küchenschemel, zuppiln mitten Finganagil Etikette ab, knürschen vabittat die Zähne und wern einsama und einsama.

G: Na ja. Also ick hätt mir ja anjeboten bei denen ma vorbeizuschaun, aba ehrlich jesacht, wenn die ständich mitte Faust uffin Tüsch haun ... Ick bin doch so schreckhaft.

A: Du, Gott, bist schreckhaft?!

G: Nich so laut. Muss ja nich jeda glei wissen.

A: Die is jedenfalls eminent wichtich, Gott, die Baiz, in unsan Kiez.

G: Hört sich janz so an, ja.

A: Ick mein ..., Gott?

G: Ja?

A: Könntist du nich vielleicht ...? Also, du weeßt, dittick dir normalaweise nich um sowat bitte, aba ...

G: 'ne Untaschrift? Jib her den Zettil!

A: Ick dachte eha, ob de nich glei Nägil mit Köpfen machen könntist.

G: Du meinst Nägil, die 'n Kopp ham, so wie ihr een' habt? Mit Augen und Nase und Mund zun sprechen?

53

A: Ick mein, ob du dafür sorgen könntist, Gott, dit die Baiz da bleibt, wo se is.

G: Ach so! Klah. Könntick. Ick mein, mussick ma sehn, wannick zu komme, aba könntick mir drum kümman, ja. Also, ick kanns zumindist vasuchen.

A: Prima, Gott! Vielen, vielen Dank! Tschüss Gott.

G: Tschüss du, aba sag ma, wat is denn nu mit deine Ohrn?

A: Habick leida nich. Aba wenn de druff stehst, Gott, könn' wa dir sicha ooch 'n Orden anfertijen lassen. Dit sollte machbah sein.

Zwiegespräche mit Gott – heute:

Papier ist geduldig

A: Na Gott.

G: Na.

A: Na, Jubiläum, Gott!

G: Wat für'n Jubiläum?

A: Seit drei Jahre benutzick Zahnseide, Gott.

G: Drei Jahre? Und dit willste feian?

A: Nee, Gott. Man muss doch nich jedit Jubiläum glei feian. Aba 'n bisschen stolz druff binnick schon.

G: Komisch.

A: Wat is daran komisch?

G: Ach, dein Jubiläum fällt jenau uff denselben Tach wie mein Jubiläum.

A: Dein Jubiläum?

G: Ja. Bei mir jährt sich just zun 414. Ma der Tach, heute, an demick anjefangen hab, Klopapier zu benutzen.

A: Du benutzt Klopapier?

G: Hmm.

A: Is ja 'n Ding. Aba Klopapier jibtit doch noch janich so lange.

G: Nee?

A: Nee. Wartte, ick kiek ma kurz uff meen Ei-Fon. Klopapier, Klopapier, Klopapier. Na bitte. Hier hammat ja. Steht unta Tolettenpapier, Gott. Tolettenpapier, ooch Klopapier jenannt, jibtit bei uns in Deutschland seit, Moment, 1928. Kommt aus Ludwichsburg, Gott. Hans Klenk hat in Deutschland dit erste Klopapier herjestellt, und zwar 1928. Musste dir wohl ürren. 1928, dit sind ja denn erst …, wartte …, haste ma 'n Rechenstab?

G: Haste keen eigenen?

A: Mussick vajessen ham, zuhause.

G: Hier. Aba, Wiedasehn macht Freude, wa?

A: Jaja. 2014 minus 1928, Gott, dit macht, schieb, schieb, schieb, 86, Gott, 86 Jahre sind dit erst.

G: In Deutschland.

A: In Deutschland, ja. Berlin liegt in Deutschland, seit, wartte, ick kiek ma nach …

G: Ick weeß, wo Berlin liegt. Aba wer sagt dir, dittick deutschit Klopapier benutze?

A: Holstit von Polenmahkt, oda wat? Fährste imma nach Slubitsche, wa? Kannste deine Großmutta azähln. Außadem, ooch dit amerikanische Klopapier wurde, wennick dit hier richtich lese 1857, Gott, 1857 wurde dit erste Klopapier industriell herjestellt, von Joseph Gayetty, Gott, Joseph Gayetty hat 1857 dit erste Klopapier für den kommaziellen Jebrauch industriell herjestellt. Einzilne Blättchen, Gott, mit Aloe jetränkt.

G: Mit wat?

A: Mit Aloe. Is, vamutick ma stahk, 'ne Flüssichkeit, Gott. Wejen jetränkt, weeßte? In wat Festit kannste ja schlecht wat tränken. Villeicht is Aloe so'n Duftwässachen, Gott, damittit nach wat riecht, dit Klopapier.

G: Dit riecht doch ooch so schon.

A: Du bist eklich, Gott.

G: Und wennick mir nu dit Klopapier aus China jeholt hab?

A: Aus China, wa?

G: Aus China.

A: Weil die Chinesen ja Klopapier benutzt ham.

G: Weil die Chinesen Klopapier benutzt ham.

A: Wers gloobt, würd selich.

G: Kiek doch uff dein Tablett nach.

A: Und wat kriegick, wennit nich stümmt?

G: 'ne Backschelle?

A: Wenn de 't Echo vatragen kannst?

G: Ick vatrag 'ne janze Menge.

A: Na, denn wolln wa ma sehn, wa? Tolettenpapier, Tolettenpapier, Tolettenpapier? Tolettenpapier intanatjonal? … du hast ja recht, Gott!

G: Ick bin Gott.

A: Seit den 6. Jahrhundat belegt, Gott. Im Jahre 589 schrob der Jelehrte Yan Zhitui: »Ich würde es nie wagen Papier mit den Zitaten oder Kommentaren aus den fünf Klassikern oder Namen von Weisen darauf für die Toilette zu verwenden.« Und in 8. Jahrhundat is übaliefat von einen Reisenden: »Sie«, also die Chinesen, »sind nicht sehr sorgfältig mit Sauberkeit. Und sie waschen sich nicht mit Wasser, wenn sie ihr Geschäft erledigt haben, sondern wischen sich nur mit Papier ab.«

G: Siehste!

A: 10 Milljonen Packungen, Gott, 10 Milljonen Packungen mit je tausend bis zehntausend Blatt wurden allene inne Prowinz Zhejiang herjestellt, in' frühen 14. Jahrhundat.

G: Wat meinste, wie ville die erst ab 1599 produzieren mussten.

A: Weil du die größten Haufen scheißt, oda wat?

G: Ihr seid zwar nach meinen Vorbild jeschaffen, aba ranreichen an mir tuta deswejen noch lange nich.

A: Und warum wüschste dir einklich erst ab 1599 mit Papier den Ahsch ab, Gott?

G: Weilick ab und zu wat andas mache, damit mir nich langweilich würd. Vor 826 Jahren habick begonnen, aus 'ne Tasse zu trinken, vor 1696 Jahren habick mir zun ersten Ma 'ne Untahose anjezogen, und seit 12313 Jahren ziehick die Nase hoch, bei Schnupfen. Ick gloob, bald issit wieda soweit, bald mussick ma wieda wat Grundsätzlichit in meinen Leben neu jestalten. Ma sehn, wat mir so einfällt.

A: Zahnseide, Gott? Wie wärt mit Zahnseide?

G: Oda ick steh zur Abwechslung ma 'n pah Jahrhundate lang uff eenen Been.

A: Klingt jut, Gott. Tschüss Gott.

G: Tschüss du. Ach, du?

A: Ja, Gott?

G: Dit Lustichste bei den Wikipedija-Atikel üba Klopapier findick ja, dittit ma Sitte jewesen sein muss, sich mit lebendije Hühna den Hintan abzuwüschen.

A: Dit schlagick jetz nich nach, Gott. Dit gloobick dir einfach ma so.

Zwiegespräche mit Gott – heute:

Es ist nicht zu leugnen

A: Na Gott.

G: Na.

A: Na, is nich mehr zu leugnen, Gott, aba … ick werd ooch älta.

G: Is dir grad langweilich?

A: Nee. Nee, nee. Ick hab bloß heute früh in' Spiegil jekiekt und da konntick meen Jesicht ziehn und zerrn, wieick wollte. Man hat imma jesehn, dittick keene 18 mehr bin.

G: Biste 19 jeworden, jestan? Herzlichen Glückwunsch.

A: Würden wa uns denn üba die Endlichkeit untahalten, üba dit Wesen der Wesen, üba Mangil und das Für und Wida vom Willen zur Vaänderung?

G: Haste wat jenommen?

A: Ick werde alt, Gott.

G: Sei froh. Is nich jeden jejeben. Manchen holick ooch, bevora sich üba sowat Jedanken machen kann. Vastehick sowieso nich, warum ihr nich einfach jedit Jahr feiat, wat euch jeschenkt. Hey, ihr könntit doch stolz druff sein, uff eua Alta, dit is doch 'ne Leistung alt zu werden.

A: Um Leistung jehts nich mehr, Gott. Heutzutage zählt nur straffe Haut, jugendliche Unbekümmatheit und 'n Akku, der voll is bis zun Rand. Afahrung wär natühlich ooch topp, aba in

Zweifil entscheidit man sich lieba für die Zukunft, statt für die Vagangenheit.

G: Und dit macht dir traurich? Mann, dit wah doch schon imma so.

A: Janich. Früha wurde dit Alta viel mehr jeachtit, Gott, regilrecht jeehrt wurde dit Alta, früha.

G: Ach! Und von welchen Früha sprichste? Neunzja Jahre? Achtzja Jahre? Oda haste etwa schon in 17. Jahhundat jelebt? Meinste die Bänkilsänga ham damals Liebeslieda üba alte Waschweiba anjestümmt? Meinste der greise Fürst hat seine, uff die an Kindsbettfieba dahinjeschiedene, neue Olle wejen ihra Lebensleistung jefreit? Meinste, die Feldherrn bevorzugten zitternde Männlein in ihra Armee? Der Schmied nahm freudestrahlend 'n buckligen Opa zum Jesellen? Und wenn der jungfräulichen Maid ihr von den Eltan auserwählta Jemahl präsentiert wurde, denn hattse vor Glück jejuchzt, wenna Falten in Jesicht, 'n Doppilkinn und nur noch inne Nase so Haare hatte?

A: In Griechenland, Gott, habick jesehn, wie vier Söhne ihren uralten Vata, der nich mehr loofen konnte, uffin Schultan trugen, und der hat sich nich etwa jeschämt, dafür, nee, der saß stolz uffjerichtit, wie'n Könich, saß der da.

G: Mattscho!

A: Komm, du willst mir doch nich azähln, Gott, dit dich der Jugendwahn heutzutage nich ankotzt?! Übaall nur strahlende Glattjesichta inne Werbung. Bäbipopochen allaorten. Du darfst ja übahaupt nich mehr alt sein, im Hier und Jetzt. Biste alt, musste trotzdem jung würken. Denn sollste dein schlaffen Hintan jefällichst inne enge Hose zwäng', mit durchjedrückten Rücken und Schiestöcka inne Hand durchin Pahk asten, zu Hause in Intanet sörfen und ständich bereit sein, für Vaänderung. Jung, Schwung, Stümmung, Jogurette, ooch mit 80.

G: Na und? Is dit nich 'ne Herausforderung? Schreit dit nich regelrecht nach 'ne neuen Protestbewegung? Wenn allit astarrt, wenn allit uffjestaut, wah dit denn nich imma schon kuhl, jenau dit Gegenteil zu propagiern?

A: Du meinst 'ne Jugendbewegung der Alten, Gott? Socken stop-fen uff öffentlichen Plätzen? Faltenkrehms vabrenn und nich uff die Polizei hörn, weil man ja vajessen hat, sein Hörjerät einzuschalten?

G: Du denkst imma noch zu jugendlich.

A: Danke, Gott ... Ick meine, tut ma leid.

G: Wie wärt mit ... ignorieren? Dit wär doch würklich ma wat Neuit.

A: Hmm. Tschüss Gott.

G: Tschüss du.

A: Ach, Gott?

G: Ja?

A: Warum wachsen einklich an manche Stellen im Alta mehr Haare, während an andire Stellen wenja Haare wachsen?

G: Tja, ick weeß, hattick mir wat bei jedacht, aba, ehrlich jesacht, dit habick leida vajessen.

Zwiegespräche mit Gott – heute:

Auch das noch

A: Na Gott.

G: Na.

A: Na, Wurstgulasch mit Spirelli jabs bei uns heute.

G: Bei mir nich.

A: Haste jelesen, Gott, dit man Pflanzen jetz ooch nich mehr essen dürf?

G: Wat soll denn der Quatsch nu wieda?

A: Is keen Quatsch, Gott. Wissenschaftla ham wohl rausjefunden, dit die Erbse, die grüne Erbse, Informatjonen üba biochemische Signale an ihre Ahtjenossen weitajibt.

G: Die Fußballajebnisse oda wat?

A: Nee, den Trockenstress.

G: Den Trockenstress?

A: Ja, den Trockenstress.

G: Moment! Haste dit an' 1. April jelesen?

A: Dit habick an' 8. Mai jelesen.

G: An' Tach der Befreiung?

A: Jenau, Gott. Ham wohl Wissenschaftla vonne Ben-Gurion-Uniwersität in Israel rausjefunden, als se die Wüstentauglichkeit testen wollten, von die Erbse, die grüne.

G: Hmm. Und wat wah die Untasuchungsmethode jewesen? Hamse sich etwa unta Drogen jesetzt, die feinen Wissenschaftla, um uff dieselbe Bewusstseinsebene zu jelangen wie die Erbse, die grüne?

A: Sei doch nich imma so feindlich-negativ einjestellt, zeitjenössischa Forschung jegenüba, Gott. Bloß weil se 'n bisschen uff Zack is.

G: Uff ... Zack?

A: Ja. Die ham nämich festjestellt, die Wissenschaftla, dit zwah die ersten Pflanzen mit den Dürrestress inne Wüste nich so jut zurechtkamen, aba die Pflanzen, die danach jepflanzt worden sind, die kamen denn wohl mit den Dürrestress wesentlich bessa zurecht.

G: Weil se mehr jejossen worden sind.

A: Nee. Weil die ersten Erbsen üba ihre Wurziln den Nachkömmlingen wohl Informatjonen mitjeteilt ham, Gott, und zwah uff biochemischen Wege.

G: Klah.

A: Weil Pflanzen Informatjonen wohl vaabeiten können, weil Pflanzen wohl Informatjonen speichan können, weil Pflanzen wohl Informatjonen nich nur vaabeiten und speichan, sondan soja weitajeben können. Sie ainnan sich, Gott, so wie du und wie ick.

G: Hast du mir nich ma jesagt, dit du dir nur äußast schlecht ainnan kannst?

A: Kannick mir nich ainnan. Aba Spaß beiseite, ick meine, wat sagt man nich allit wenn der Tach lang is, wa? Ick meine, ick kann mir relativ schlecht ainnan, dit stümmt, ick vadränge wahscheinlich mir relativ unwichtije Informatjonen aus meinen Jedankenspeicha, um Platz zu schaffen für mir relativ wichtije Informatjonen.

G: Üba Erbsen.

A: Üba Erbsen, jenau.

G: Denn pass uff, ditte nich üba kurz oda lang 'n Erbsenjehürn krichst.

A: Mussick uffpassen, Gott. Haste recht. Hat aba rein janüscht mit unsan Problem zu tun, nämich, dit man 'ne eindeutige Untascheidung zwüschen Tier und Pflanze nich machen kann, so in ethischen Sinne jedenfalls.

G: Kamman ja ooch nich. Allit mein Werk. Allit von mir jeschaffen. Allit göttlich. Ob Alligator oda Ahorn, ob Krokodil oda Kokospalme, ob Echse oda Enzijan.

A: Sicha. Du bist der Größte, Gott. Trotzdem stellt sich die Frage, wat man jetz noch essen dürf, zumindist für die Wegetarija, aus ethischen Gründen.

G: Wie wärt mit Spirelli? Spirelli mit Wurstgulasch?

A: Und zun Nachtüsch Göttaspeise, stümmts?

G: Scherzkeks, wär noch 'ne Möglichkeit. Jibtit bei euch nich soja Vögil, die nur dit essen, wat die Pflanzen freiwillig falln lassen? So Äppil, die an Boden liegen oda Körna, die aus de Ähre kullan?

A: Jibs, Gott. Aba streng jenommen sind dit ja ooch … Also Äppil, die an Boden liejen, die sind ja denn ooch sowat wie Kinda von Appilbaum, oda zumindist wie Samenfäden von einen Appilbaum. Da könnten wa denn ja jenauso jut sagen, die Hühna, die lassen ihre Eia freiwillig falln und letzten Endes plumpst ja ooch dit Kälbchen aus seine Mutta. Runta. Ins Stroh.

G: Tja, macht wat draus.

A: Aus die Kälbchen?

G: Aus euan Akenntnissen. Warum müssta ooch imma allit agründen, warum müssta imma allit hintafragen?

A: Weil wa so sind wie wa sind? Tschüss Gott.

G: Tschüss du.

A: Ach, Gott?

G: Ja?

A: Warum haste einklich manche Pflanzen giftich jemacht?

G: Ach, mir wah eben so.

Zwiegespräche mit Gott – heute:

Dass die Sonne schön wie nie ...

A: Na Gott.

G: Na.

A: Na, der DAX is uff den hösten Stand jeklettat, seit zwanzich Jahre, Gott.

G: Dachse klettan nich, Dachse graben. Und zwah 'n Loch in' Boden, wo se wohnen.

A: Ick mein den deutschen Aktjenindex, Gott.

G: Und warum sagste dit denn nich?

A: Habick doch. Is die Abkürzung, Gott. D für deutsch, A für Aktjen und X für Index. DAX.

G: X für Index?

A: Da is hinten 'n X, ja, bei Index.

G: Hätten se aba ooch »Scheiß« denn abkürzen könn'. Sch für Deutsch, E für Aktjen und I für Index.

A: Und dit ß?

G: Dit steht für sich. Dit is so frei.

A: Weeßte einklich, wat »WSDV« heißt, Gott?

G: »Wegen schlümma Darminfektjon vahindat«?

A: Nee. »Wir sind das Volk«. WSDV heißt »Wir sind das Volk«. So hat sich 'ne Patei jenannt. 'ne patriotische Patei, weeßte? Die wolln die D-Mahk, keene Auslända und an Wochenende soll die Sonne scheinen.

G: An Wochenende soll die Sonne scheinen?

A: Ja. Ürgendwat brauchten se in ihren Pateiprogramm um sich von die Rechtsradikalen abzugrenzen.

G: Is aba voll populistisch. Ick meine, die vasprechen da Sachen, die se niemals halten könn'.

A: Wieso? Die D-Mahk jabs schonma, Gott. Keene Auslända jabs ooch schon, in Deutschland. Und dit mit den Sonnenschein an Wochenende, wenn wa uns richtich Mühe jeben, wenn dit Volk ma inne Hände spuckt und uffsteht ... wir Deutschen, Gott, wir ham schon janz andire Sachen jeschafft.

G: Ick weeß, die Autobahnen.

A: Zun Bleistift. Ach, dit is ja sowieso dit Allahschärfste, oda? Dit wat diesa SPD-Heini da vorjeschlagen hat?

G: August Bebil?

A: Nee. Weeßick nich mehr wie der heißt. So'n hohit Tier bei de SPD. Der will die Höchstjeschwindichkeit uff Autobahnen begrenzen.

G: Nein!

A: Doch! 140 oda 120 oda 100, weeßick nich mehr. Der will uns die letzte Freiheit nehm, die wa noch ham. Stell dir ma vor, Gott, 140, uff de Autobahn, ick mein, da is ja 'ne alte Oma mittin Krückstock schnella.

G: Wenn se sich nich an die Vakehrsreglln hält.

A: Wieso?

G: Na, als Fußgänga? Uff de Autobahn? Dit darfste doch janich.

A: Mach dir ma nich lustich, Gott. Ick meine, in alle Lända, weeßte, in sämtliche Staaten uff diesen Planeten, wern wir benieden, ick mein beneidit, für unsire Freiheit uff unsire Autobahn so schnell fahn zu dürfen wie wa wolln. Ville komm soja extra her, nur um uff unsire Autobahn ma orndlich Gas geben zu könn'. Dit fetzt doch denn übahaupt nich mehr, mit 120.

G: Stümmt. Is außadem dit Risiko viel höha, dit man so'n Unfall übalebt.

A: Häh?! Wat redist'n hier von Risiko, Gott? Bei einen deutschen Auto, ja, da jibtit keen Risiko. Kiek dir ma die Sichaheitsstan-

dahds an, heutzutaje, bei einen deutschen Auto, Gott. Die
sind serjenmäßich mit Gurte ausjestattit, die deutschen Autos,
und ham 'ne Knautschzone und blick-, ick mein schalldich-
te Fensta ham die, ähnliche Schikanen. Da jibtit keen Risiko
mehr, bei deutsche Autos, da kannste von Blitz jetroffen wern,
oda untan ICE …, oda selbst bein Atomkrieg, Gott, am sichas-
ten bein Atomkrieg issit in einen deutschen Auto!
G: Willst dir 'n bisschen wat dazuvadienen, wa?
A: Tschüss Gott.
G: Tschüss du.
A: Ach, Gott?
G: Ja?
A: Ma in Ernst, WSDV, wenn sich eine Patei »Wir sind das Volk«
nennt, denn kann dit doch nur Satire sein, oda? Oda aba ein
Haufen durchjeknallta Volltrottil is an Start.
G: Tja. So lange der Haufen nich ans Ziel kommt, issit mir ein-
klich ziemich ejal.

Zwiegespräche mit Gott – heute:

Einer muss ja Paroli bieten

A: Na Gott.

G: Na.

A: Na, dit jibt jetz 'ne Iwent-Gastronomie-Börse, Gott.

G: Dit jibt ooch Kacke, die krümilt.

A: Ja. Aba für die würd keene Werbung jemacht, inne Stadtillus- trierte zumindist.

G: Biste dir sicha?

A: Weeßte, wat se bei diese Iwent-Gastronomie-Börse anbieten, Gott?

G: Jetz sach bloß 'n Schnuppakurs für Krümilkacke, denn hättste mir ja schön uffs Glatteis jeführt.

A: Nee, dit nich. Aba wat ähnlich Eklijit.

G: Lass ma raten: Heiße Hexe is zurück?

A: So schlümm issit nu ooch wieda nich, nee, die bieten da ein, ick zitiere:»Tasting braune Spirituosen« an.

G: Wo?

A: In einen, ick zitiere aneut: »stilvollen Ambjente«.

G: Wo soll 'n dit sein?

A: Keene Ahnung Gott. Also »braune Spirituosen«, »stilvollit Amb- jente«, da passt einklich nur der Stehtüsch vor de Fettluke, findick.

G: Hmm. Oda die Treppenstufen bein Spätkauf.

A: Wemmans ma nich glei in' U-Bahnhof rinvalagat, zu die Suff-
pankas.

G: Au backe, ja. Und wer vaanstaltit sowat?

A: Eine Iwent-Gastronomie-Börse?

G: Nee, ick mein die Weltmeistaschaften in' Krümilkacken,
weeßte?

A: Würds schon 'n Großkonzern jeben, Gott, der dahintasteckt.
Siemens oda Nestle. Siemens baut übrijens grade 'n Atomkraftwerk uff 'ne Erdbebenspalte in Brasiljen, wusstiste dit?

G: Wusstist du, dit Nestle den Teufil jehört?

A: Und Merzedis-Benz lässt in ville Lända der Erde Abeita für
Hungalöhne in Fabriken schuften, bisse vor Entkräftung tot
zusammenbrechen.

G: Is doch noch janüscht, Sportsfreund. BASF liefat Giftgas an
Iran und drückt bei Menschenvasuche großzügich beede Oogen zu.

A: Entsetzlich!

G: Allahdings imma noch harmlos in' Vagleich zu dit wat Zony uff
'n Jewissen hat.

A: Zony?

G: 3D-Fülme? Klingilts?

A: Wieso? Wat is denn an 3D-Fülme so schlümm?

G: Willste janich wissen.

A: Doch, Gott, doch. Willick.

G: Ick sach nur: Kopfmuchte. Zun Anfang werdita denken, dittit 'ne normale Kopfmuchte is. Ditta ma wieda uff eure Eltan
nich jehört habt und doch anne braune Spirituose jenippt.
Aba, dit bleibt nich bein Jepieke hinta de Stürn, hörste, bei
die Übilkeit, wie se nach den Jenuss brauner Spirituosen
weltweit durchaus üblich is. Ooch dit Kotzen würd euch nur
kurzzeitich Linderung vaschaffen. Hinzu kommen werden in
nur wenijen Jahren navöse Zuckungen der Augenlida, der
Mundwinkil, der Nasenflügil und der Stürn, bis ürgendwann
allit zuckt, allit zuckt denn nur noch. Dazu diese grässlichen
Schreie. Ihr werdit immafort schreien, und wat hinzu kommt,
ihr werdit allit doppilt so laut hörn wie jetz, und denn könnta

69

euch nich mehr vanünftich uffin Beenen halten, weil sich allit dreht vor 'n Oogen, und denn fallta um und kriecht nur noch, übilst schreiend und zuckind und die janze Zeit sabband. Ihr werdit sabban wie dit liebe Vieh, aba nich nur außin Mund, nee, aus sämtliche Körpaöffnungen looft allit raus …

A: Musste unbedingt ma 'n Fülm draus machen, Gott. Oda 'n Wiedjospiel.

G: Heute issit noch Zukunftsmusik, mein Freund, aba schon bald würd dit Grauen reala sein, als euch dit lieb sein dürfte.

A: Hmm. Weeßte, ick hab ja ma Anfang der Neunzja mit Kumpilz und Kumpelinen 'n Wiski-Wettbewerb vaanstaltit, Gott. In Weißensee. Jeda musste 'ne Flasche von den Wiski mitbring', den er an' besten findit. Und wessen Flasche denn als Erstit ausjetrunken wah, der hatte jewonnen. Also der Wiski von den.

G: Und welcha hat jewonnen?

A: Weeßick nich mehr. Ick weeß nur noch, dittick zu mir jekommen bin, wie ick uff de vollbefahrenen Indira-Gandhi-Straße den Vakehr entjegenjetorkilt bin. Die Autos imma so wuschsch, wuschsch an mir vorbei. Dit wah ein dermaßen unvaschämtit Glück, wattick da hatte, Gott, dittick da nich druffjejangen bin bei, dit gloobste janich.

G: Hmm. Die eenen nennens »dermaßen unvaschämtit Glück«, die andan »die längste Praline der Welt«.

A: Nestle?

G: Duplo jehört zu Ferrero, Sportsfreund. Eena muss den Teufil ja Paroli bieten.

A: Ach komm, Gott, is doch allit eene Soße.

G: Braune Soße I. Braune Soße II.

A: Tschüss Gott.

G: Tschüss du.

A: Ach, Gott?

G: Ja?

A: Ick hab danach übrijens nie wieda braune Spirituosen zu mir jenommen, nach den Wettbewerb.

G: Klah. Vielleicht ja soja dit Ziel von den Tasting-Quatsch.

A: Meinste, Gott? Meinste dit Jesundheitsministerijum könnte
   dahintastecken?
G: Die eenen nennens Jesundheitsministerijum, die andan ...

Zwiegespräche mit Gott – heute:

Im grünen Bereich

A: Na Gott.

G: Na.

A: Na, allit klärchen?

G: Jeht so.

A: Ick kann ooch nich klagen.

G: Sahst aba schon bessa aus.

A: Ja, dit Leben.

G: Muss man durch, wa?

A: Hmm. Nimmt einen ja keena ab.

G: Nee, jeda hat sein Päckil zu schleppen.

A: Päckil?

G: Packil.

A: Packil?

G: Päckil.

A: Ick musste neulich vier Bäume fälln, Gott.

G: Du meinst, du hast vier Keimlinge außin Boden jeruppt.

A: Nee, richtje Bäume, Gott. Richtje Kawenzmänna. Mitte Motorsäje. Sechs Meta wahn die hoch jewesen, oda soja sieben. Sieben Meta, Gott! Vier Tannen und 'n Appilbaum.

G: Zusammen vier.

A: Wat?

G: Vier Bäume.

A: Habick doch jesagt.

G: Ick wusste janich, dit du sowat kannst.

A: Rechnen?

G: Nee, mitte Motorsäje.

A: Na, diesma hattit ja noch meen Bruda jemacht, Gott, aba nästit Ma trauick ma selba, gloobick.

G: Machta dit jetz öftas?

A: Wat?

G: Bäume absäjen.

A: Nee. Wie kommst 'n daruff?

G: Du sprachst grade von einen nästen Ma.

A: Von welchen nästen Ma?

G: Bäume absäjen. Mit deinen Bruda.

A: Ach, jetz kapierick! Da vawecksilste wat, Gott. Dit wah letzte Woche jewesen. Letzte Woche ham wa in Blankenfelde
Bäume abjesägt. Meen Bruda und ick. Vier Bäume hamma
abjesägt. Eine Zierpflaume, einen Appilbaum und vier Tannen. Mitte Motorsäje, weeßte? Ick sage dir, Gott, die wahn
mindistens acht Meta hoch, die hösten soja neun. Neun Meta,
Gott! Dit is janich ma so unjefährlich.

G: Hmm.

A: … Gott?

G: Ja?

A: Warum kiekst 'n so komisch?

G: Ick kiek doch nich komisch.

A: … Gott?

G: Ja?

A: Allit in Ordnung?

G: Allit in' grünen Bereich.

A: Würklich? Ick muss mir keene Sorgen machen?

G: Sind se denn da hinjefalln, wo se hinfalln sollten?

A: Wer?

G: Die Bäume.

A: Welche Bäume?

G: Die, welche du und dein werta Herr Bruda tatit fällen, in
Blankenfelde, letzte Woche.

A: »Tatit fällen«, wie klingt 'n dit? Seit wann drückst 'n dir so jestelzt aus, Gott?

G: Ick wollte deutlich sein.

A: Deswejen musste ja nich glei Genitiv und so, wir sind doch hier nich in Mittilalta.

G: Vazeihung. Ick wollte fragen, ob die vier Bäume, die du mit deinen Bruda zusammen jefällt hast, in Blankenfelde, letzte Woche, der Appilbaum, die Zierpflaume und die vier Tannen, ob die da hinjefalln sind, wo se hinfalln sollten.

A: Sechs.

G: Wat?!

A: Dit sind sechs Bäume, Gott. Ein Appilbaum, eine Zierpflaume und vier Tannen sind insjesamt sechs. Sechs Bäume. Kiek ma, vier Tannen sind ja alleene schon ma vier Bäume. Wenn de denn noch einen dazu rechnest, einen Appilbaum zun Beispiel, denn macht dit …, na?

G: Du hast vorhin selba …

A: Stopp, stopp, stopp, wie viel macht dit denn?

G: Fünf.

A: Richtich. Fünf. Damit is eine Hand schon ma voll. So, und jetz kommt aba, sagen wa ma, noch ein Baum mehr dazu, sagen wa ma ruhich ma eine …

G: Zierpflaume.

A: Nee, Gott, dit wär zu einfach. Nehm wa ma ruhich ma einen andiren Baum, nehm wa ma ruhich ma eine, ja, warum nich, nehm wa ma eine Ebaesche dazu. Denn komm wa summasummarum uff …, na Gott? Dürfst ooch mitte Finga abeiten.

G: Wenn ick mit meine Finga abeiten täte, Sportsfreund, denn nur um dir zu awürgen!

A: Dachtick mir doch, Gott. Ürgendwat is bei dir, wa? Aba willst nich drüba reden, oda?

G: Nee.

A: Denn nehmick für heute ma lieba meinen Hut. Tschüss Gott.

G: Tschüss du. Ach, du?

A: Ja, Gott?

G: Dein Hut.

A: Welcha Hut?
G: Der.
A: Ach … der.

Zwiegespräche mit Gott – heute:

Drei Möglichkeiten

A: Na Gott.

G: Na.

A: Na, alle Fensta jut jeschlossen, Gott, wejen Jewitta?

G: Und du? Stolz druff, kleene Kinda vaprügilt zu haben und schwangire Mütta?

A: Icke?!

G: Wahste etwa nich bei, als deine Jesinnungsjenossen uff sportintrissierte Familjen losjejangen sind?

A: Ick … Ick hab ma bereits aklärt, Gott.

G: Mir nich.

A: Du weeßt doch sowieso allit.

G: Ick möchtit aba jerne nochma aus deinen Mund hörn.

A: Ick hab lediglich jesungen, Gott, Bratwurst jejessen, Bier jetrunken und bein Fußball zujekiekt. Du bist schon wie mein Staatsbürgakundelehra, früa. So lange sich aklärn müssen, bis man allit zujibt und apressbah würd. Und denn vapfeift man selbst Vata und Mutta, nur um endlich seine Ruhe zu haben.

G: Zujekiekt haste.

A: Bein Fußball, ja.

G: Und bei die Jewalttätichkeiten wegjekiekt.

A: Nee. Habick nich.

G: Aba jetan haste ooch nüscht.

A: Wat solltick denn tun? Solltick etwa hin und mitprügiln?

G: Du hättist sie davon übazeugen können, dittit falsch is wat se tun.

A: Wie denn?! Indemick 'n Referat halte?

G: Ein Kurzreferat, ja.

A: Du bist weltfremd, Gott.

G: Ick liebe euch alle.

A: Kommt mir bekannt vor.

G: Vorsicht vor unlautire Vagleiche, Sportsfreund.

A: Haste übrigens jehört, dit Heina Geißla ...

G: Lenk nich ab!

A: Wat willste denn noch, Gott? Wat sollick denn noch machen?

G: Ick will, dit du als Zeichen der Demut und in Anjedenken der Opfa der Ausschreitungen von euan bekloppsten BFC deine Präferenzen für deinen Lieblingsfußballklub endgültich zu Grabe trägst und fürderhin, um ein Zeichen ehrlicha Anteilnahme zu setzen, den 1. FC Unjon jutfindist.

A: Wat?! Bist du varrückt jeworn?! Niemals, Gott!

G: Jut. Denn wenichstins Tennis Borussja Berlin.

A: Kannste voll vajessen.

G: Hertha BSC?

A: Nüscht.

G: Also, ick hab dir jetz immahin drei Möglichkeiten jelassen, ja, um nachvollziehbah Reue zu zeijen, aba wie man sieht, da is ja wohl Hopfen und Malz valorn. Unvabessalich biste. Arrogant bis dort hinaus. Du haust, um ma die Kunst der Metaphorik zu nutzen, den unschuldijen Opfan noch im Grabe die Keule der Vaweigerung in ihre Einjeweide. Schade einklich.

A: Gott?

G: Ja?

A: Man kann nich einfach ma so seinen Vaein wechsiln. Dit is keene Patei is dit, keene politische Weltanschauung, keen Lebenspartna, keene Religjon. Wemman Fän von einen Fußballvaein is, ja, denn is man dit sein Leben lang. Den is man da jebunden.

G: Steht so nich in meine Jebote.

A: Nee, da steht dit nich drin, Gott. Dit is Naturwissenschaft, quasi.

G: Kokoloris is dit.

A: Die einen sagen so, die andan so. Tschüss Gott.

G: Tschüss du.

A: Ach, Gott?

G: Ja?

A: Unjon hat übrigens ooch schonma …

G: Intrissiert ma janich.

Zwiegespräche mit Gott – heute:

Vorschlag zur Güte

A: Na Gott.

G: Na.

A: Warum binnick einklich imma so unvanünftich, Gott?

G: Dit fragste mir?

A: Wen sonst? Siehste jemand andas?

G: Jibt ooch Dinge, die vaschließen sich euan Oogen.

A: Bis um zweie habick jestan Fernsehn jekiekt, Gott. Bis um zweie inne Nacht, obwohlick heute früh raus musste.

G: Haste nich ma jesacht, dit nur noch Scheiße kommt, inne Glotze?

A: Dit issit ja grade, Gott. Nur Scheiße habick mir anjekiekt und jeärgat habick mir üba die Scheiße.

G: Aba ausschalten jing nich.

A: Nee. Ick hab imma hin und her jezappt, zwüschen Juwelo TV, wo se so Klunkan vahökat ham, und so'n bekloppten Kriegsfülm.

G: Wah die Fernbedienung defekt?

A: Ja! Ja! Ja! Dit wär jedenfalls schön, wennick mir dit einreden könnte. Ick bin so unvanünftich, Gott, so unvahältnismäßich unvanünftich binnick.

G: Komm, nu mach dir ma nich schlechta als de bist.

A: Ick bin so unvanünftich, Gott!

G: Ick weeß. Awähntiste bereits.

A: Warum kamman denn nich ma uff seine innere Stümme hörn, Gott, die een da in einen fort sagt: »Schluss. Drück jetz den Knopp. Du brauchst dein' Schlaf. Morgen issin anstrengenda Tach. Früh um sechse klingilt der Wecka und denn musste los und denn biste wieda müde und janich wach und denn machste deine Abeit wieda schlecht und janich jut und denn biste wieda frustriert, weil de imma vasagst, und denn willste dir wieda ablenken und beriesilst dir stundenlang mit ürgend-welchen Mist außin TV bis spät inne Nacht und ärgast dir und ärgast dir und ärgast dir!« Warum hört man denn nich ma uff die Stümme, Gott, warum?!

G: Villeicht, weil da noch 'ne andre Stümme is?

A: Haste dit etwa ooch, Gott? Diese andre Stümme, die een da in einen fort sagt: »Ach wat. Wer weeß, wie lange de noch lebst. Schlafen kannste, wenn de tot bist, villeicht kommt ja noch wat Lustijet oda wat Spannendit oda sie zeigen Brüste.« Haste dit etwa ooch manchmas?

G: Nee.

A: Du bist imma vanünftich, wa?

G: Ick bin Gott.

A: 'n Langweilagott, wa?

G: Wat fällt dir denn schwer an deine Abeit, grade?

A: Na ja. Ick muss doch hier diese Denkmäla ..., weeßte? Ick mach doch grade so'n Job, Gott, ein Euro die Stunde, da bin-nick für die Denkmäla vaantwortlich.

G: DU bist für die Denkmäla vaantwortlich?!

A: Nich für alle, Gott. Nur für die Denkmäla in Prenzlaua Berg.

G: DU bist für die Denkmäla in Prenzlaua Berg vaantwortlich?!

A: Hättste mir nich zujetraut, wa Gott? Aba, allit is schaffbah, Herr Nachbah, bloß 'n bisschen untabezahlt, wenn de mir fragst.

G: Wat ..., ick meine, wat haste denn da zu tun?

A: Ick muss die Teigwaren entfern, Gott. Von sämtliche Denkmä-la in Prenzlaua Berg mussick die Teigwaren entfern.

G: Du musst ... wat?!

A: Na, ick mach die Nudiln weg. Von die Denkmäla. Machick die Nudiln weg. Haste doch sicha jehört, Gott, dit die Schwaben grade so Anschläge vaüben, uff unsre Denkmäla, mit die ihre Nudiln. Unsre schönen Denkmäla, Gott! Katrin Kollwitz, Ernst Thälmann und hier dit eene, woick imma nich weeß, wat dit übahaupt sein soll.

G: Meinste villeicht …?

A: Nee, dit meinick nich. Frech, oda?

G: Warum tun die denn sowat?

A: Is doch ejal, aba unsre schönen Denkmäla, Gott, unsre schönen Denkmäla!

G: Da haste ja 'ne ziemliche Vaantwortung, mein lieba Scholli.

A: Kamman so sagen, Gott, kamman so sagen. Die kleben ja, wie 't Blöde, die Nudiln, und in Winta, wa, da friern die ja ooch manchmas fest, wenn Frost is, da muss man denn so kratzen, mittin Messa und uffpassen, dit man nüscht kaputt macht, nich dit man nachher Thälmann 'n Auge aussticht oda plötzlich von die Kollwitz die Nase abfällt. Da muss man sich schon konzentriern, bei die Abeit.

G: Und dürf nich übanächticht sein.

A: Ebend!

G: Und wenn de, statt den Fernseha einzuschalten, einfach 'n Buch zur Hand nimmst? 'n jutit Buch?

A: Die Bibil, wa? Vasuchstit imma wieda, wa Gott?

G: Muss nich die Bibil sein. Ürgendeens, wat dir jefällt.

A: Is mir zu anstrengend, Gott. Da schaffick doch keene drei Seiten von, denn falln mir die Oogen zu, denn schlafick dirckt ein.

G: Wah ja nur 'n Vorschlach.

A: Hmm. Tschüss Gott.

G: Tschüss du. Ach …, du?

A: Ja, Gott?

G: Spätzle findick übrigins voll lecka.

A: Dit heißt »Spatzen«, Gott, in Berlin heißt dit imma noch »Spatzen«!

Zwiegespräche mit Gott – heute:

Die Botschaft

A: Na Gott.

G: Na.

A: Na, wie jehts dir?

G: Ach, einklich …

A: Ick hab uffin Weg hierher 'ne Botschaft jelesen, Gott.

G: 'ne christliche?

A: Nee. Jemand hat uffin Fußweg 'n Zettil jeklebt.

G: Und wat stand da druff?

A: Da stand »Schüsselbund gefunden« druff.

G: Schüssilbund?

A: Ja, Schüssilbund.

G: Nich Schlüsselbund?

A: Nee, Schüssilbund.

G: Na, hat wahscheinlich jemand dit L vajessen, vor den Ü, dit L.

A: Meinste?

G: Gloob schon. Passiert ja öftas ma, dit Buchstaben vajessen worden sind hinzuschreiben. Flüchtichkeitsfehla. Jemand will »Brot« schreiben und schreibt »Bot«. Jemand will »Vlotze« schreiben und schreibt »Votze«. Jemand will »Schmuh« schreiben und schreibt »Schuh«. Dit passiert.

A: Vlotze, Gott? Wat soll denn Vlotze sein?

G: Wah 'n Beispiel.

A: Also … Aba könnt doch ooch sein, dit jemand würklich 'n Schüssilbund jefunden hat. So'n pah Schüssiln, die zusammenjebunden worden sind.

G: Warum sollte man Schüssiln zusammenbinden?

A: Damit man keene valiert? Kiek ma, kann doch sein, dit da jemand so'n Set zuhause hatte, so'n Schüssilset, so wertvolle Schüssiln, außin Westen, so beschichtet mit Legierung oda sonstawat, unkaputtbah und bestens jeeignet für Speisen sämtlicha Aht, und denn wurde diesa Jemand ebend einjeladen, von eine beste Freundin, also nich jetz knickknack, vasteh mir richtich, würklich nur beste Freundin, beste Brieffreundin zun Beispiel, und da sollte diesa Jemand ebend Schüssiln mitbringen, und weila wusste, dit uffin Weg draußen, dittit da windich is, hatta ebend zur Sichaheit so Löcha in die Schüssiln jebohrt, in jede Schüssil een Loch, und denn mit einen Garn die zusammenjebunden, schwuppdiwupp, wahra stolza Besitza eines Schüssilbundes.

G: Weilit windich wah.

A: Manchma issit windich, Gott.

G: Und denn hatta dit trotzdem valoren?

A: Villeicht hatta ja den Wind falsch einjeschätzt? Villeicht hatta nich bedacht, ditta uffin Weg zu seine Brieffreundin hin, nach Marzahn, zu den die Westla heute »Mahrzan« sagen, ditta da durch so 'ne Windschneise muss, durch einen regilrechten Windkanal, weeßte, wo der Wind so viel dolla durchfeift, weil ihn übahaupt keen Hindanis in Weg steht. Jibs ja, so 'ne Windschneisen, Gott, grade in Marzahn, zu den die Westla heute »Mahrzan« sagen.

G: Früha, alsit noch keene Pflanzen jab, pfiff der Wind übaall so doll.

A: Siehste! Und, ick mein, villeicht hatta ja noch 'ne janze Weile vasucht, sein Schüssilbund festzuhalten, villeicht hatta da mit Macht jeklammat, aba wir wissen, Gott, die Natur, die zeigt uns imma wieda unsre Grenzen uff. Die offenbart uns imma wieda, wie kleen wir einklich sind, mit Hut. Imma, imma wieda!

G: Aba den Hut, den hatta festjenäht jehabt, ja, an seinen Kopp?

A: Redensaht, Gott. So kleen mit Hut. Sagt man so, ooch wemman keen Hut uffhat. Jedenfalls, ürgendwann kam denn villeicht die allit entscheidende Bö und denn, zack, konnta nich mehr und denn, hui, haste nich jesehn, flog dit schöne Schüssilbund durch die Lüfte, würbilte villeicht so hoch, manchma würbilt ja ooch ma wat hoch, wa? Windhose, Gott, kennste den Begriff »Windhose«?

G: Ick bin Gott.

A: Na, jedenfalls und denn, alsa um die näste Ecke bog, wo denn wieda Windstille herrschte, jibs ja, so 'ne Ecken, da standa denn so da, ohne Hut und Schüssilbund, standa so rum und … Villeicht issa ja ooch schon jestorben, Gott. Weeß man ja nich.

G: Weila sein Schüssilbund valoren hatte?

A: Man weeßit nich. Muss ja nich wegen den Schüssilbund …, manchma stürbt man ja ooch aus andire Gründe.

G: Krebs.

A: Oda Liebe. Tschüss Gott.

G: Tschüss du. Ach …, du?

A: Ja, Gott?

G: Nimm doch ma Kontakt uff zu den Finda von den Schüssilbund.

A: Könntick machen, Gott, könntick sicha machen, aba weeßte, denn stellt sich nachher raus, dittit sich doch bloß um einen simplen Flüchtichkeitsfehla handilte, ein vajessenit L oda weeß der Fuchs und dit wär ja denn doch, also, 'ne herbe Enttäuschung wär dit denn. Denn hättick mir ja allit umsonst ausjedacht.

Zwiegespräche mit Gott – heute:

Bei Bedarf

A: Na Gott.

G: Na.

A: Na, weeßte, wat mir jestan passiert is?

G: Selbstvaständlich.

A: Na denn. Tschüss Gott.

G: Azähl doch ma, wat is denn passiert?

A: Weeßte doch sowieso schon.

G: Ick willit aba nochma aus deinen Munde hörn, wie de uff die Bananenschale ausjerutscht bist. Dit wah ja wohl voll der Stant jewesen. Wie in so'n Stummfülmklassika. Jing ab wie 'ne V-Stan.

A: Ick wah jestan in Neukölln jewesen, Gott. Is so'n Stadtteil. Von Westberlin.

G: Sonst würden ja ooch keene Bananenschalen rumliegen.

A: Jenau. Du weeßt, Gott, warum Neukölln »Neukölln« heißt?

G: Ick bin Gott. Aba prahl ruhich mit deinen Wissen.

A: Na ja, Wissen? Also, Wissen, weeßick jetz nich. Is ja nich allit so hundatprozentich awiesen.

G: Azähl schon. Bei Bedarf kannick dir ja berichtijen.

A: Also erstma wah hier ja allit Sumpf, wa?

G: Ja, dit stümmt.

A: Dit wah ja so'n slawischit Sumpfjebiet, erstma.

G: Absolut richtich.

A: Berlin, dit hat ja eigentlich janüscht mit Bär zu tun, wat man ja erstma so denkt, sondan dit is ja wohl eha vawandt mit den urslawischen Wort für Sumpf.

G: Korrekt. Sumpf.

A: Und außadem hieß dit ja ooch nich »Berlin«, also erstma nich. Erstma hieß dit ja wohl »Kölln«. Also mit C jeschrieben. »Cölln«.

G: Mit C, selbstvaständlich.

A: Und mit Doppil-L.

G: Mit … Doppil-L?

A: Mit Doppil-L, ja.

G: Mit Doppil-L, klah. Natürlich mit Doppil-L, wah grad 'n bisschen abjelenkt, weilick dachte, mir würde 'ne Fliege uffin Ahm krabbiln. Doppil-L, sicha und C, vollkommen korrekt. Cölln.

A: Obwohl dit ja damals sowieso keene einheitlichen Rechtschreibregiln jegeben hat, da schrieb ja jeda wie a wollte.

G: Ja, so wah dit.

A: Die hatten ja ooch noch janz andire Schriftzeichen, damals.

G: Wem sachste dit.

A: Und Cölln, Gott, Cölln lag ja in Südosten von Berlin, also des heutijen Berlins und hatte aba übahaupt nüscht mit den andiren Köln zu tun, hier, mit den an Rhein, wo se imma Bonbons durch de Jegend schmeißen und Bier aus Reagenzgläsa trinken. »Cölln« wa einfach nur 'n andrit Wort für Kürche, wa dit jewesen.

G: Für Kürche, hmm.

A: Hörste mir übahaupt zu, Gott? Ick azähl doch totalen Unfug.

G: Ja. Dit is mir bereits uffjefallen. Ick wah bloß jespannt druff, wann du dit endlich ma selba mitkrichst.

A: Wann ick mitkrieje, dit ick Quatsch azähle?

G: Jetz hastit ja jemerkt.

A: Also entweda man azählt Quatsch, weil man Quatsch azählen will, Gott, denn weeß man dit ja wohl von Anfang an, oda man weeß nich Bescheid, gloobt aba Bescheid zu wissen, denn würde ein dit nie ufffallen, wenns ein keena sagt.

G: Wahre Worte, wahre Worte, ick hättit nich bessa formuliern könn', aba jetz azähl doch ma mit die Bananenschale, hat's denn weh jetan? Hattit jemand jesehn? Konnten se dir hochhelfen, oda jing dit nich, weil se zu sehr lachen mussten?

A: Ick bin nie uff 'ne Bananenschale ausjerutscht, Gott. Oda jedenfalls nich nach de Wende. Ick wah jestan in Neukölln jewesen, weilick Tabletten jegen meine Gentrifizierungsallahgie brauchte und da binnick denn hängen jeblieben, uffin Bier, und hab die letzte U-Bahn vapasst und denn wolltick 'n Nachtbus nehm, wa, und hatte noch zehn Minuten und dachte, ick loof ma schön 'ne Statjon und denn wahick da jenau inne Mitte von die beeden Statjonen und denn fuhr doch da der Nachtbus, dideldideldum, direktamang an mir vorbei und icke, wa, voll wütend beschlossen, dittick jetz den janzen Weg komplett loofe und denn musstick aba plötzlich an Kottbussa Tor ma dringend pullan und hab da, voll ekilhaft einklich, in so'n Hausdurchgang, wolltick mir da aleichtan, und uff eenma öffnite sich doch wie durch ein Wunda üba mir 'n Fensta und eine bildhübsche junge Dame rief: »Wenn de würkich so dringend ma musst, denn komm ruff und tu dit jefällichst bei mir uff Tolette!« Haste sowat schon ma alebt, Gott?

G: Nee. Du aba ooch nich, oda?

A: Stümmt. Stattdessen binnick uff 'ne Bananenschale ausjerutscht und hinjeflogen, in meine eigene Pisse rin.

G: Lustich.

A: Jeht so. Tschüss Gott.

G: Tschüss du.

A: Ach, Gott?

G: Ja?

A: Warum is dit eigentlich so, dit, je älta wir werden, desto fremda werden uns fremde Menschen?

G: Liegt anne Globalisierung. Oda an Intanet, kannste dir aussuchen.

Zwiegespräche mit Gott – heute:

Ein Kreis schließt sich

A: Na Gott.

G: Na.

A: Na, haste jehört, Gott, dit Hu der zweethäufigste Familjenname in Mailand is?

G: Hu?!

A: Ja. Direkt nach Rossi. Rossi is noch der häufigste Familjenname in Mailand aba direkt danach kommt schon Hu.

G: Kiek an. Und?

A: Die Chinesen sind da, Gott. Still und heimlich übarolln die uns bereits.

G: Na, so heimlich ja nu ooch wieda nich, wa? Wenn soja du davon weeßt?

A: Ick informier mir, Gott. Ick bin ein uffmerksama Beobachta. Mir könn' se nich so leicht täuschen. Alle kieken imma bloß uff die Islama, dabei sind die Chinesen die würkliche Jefahr. Bald müssen wa alle mit Stäbchen essen.

G: Ui! Meinste, die vabieten denn Messa und Gabil, oda wat?

A: Wer weeß, Gott. Die ham 'ne janz andre Kultur, die Chinesen. Die essen allit, wat nich bei drei uffin Bäumen is, und inne Peking-Opa dürfen keene Frauen sing, und Demokratie hamse ooch nich, die Chinesen.

G: Dafür spieln se jut Tüschtennis.

A: Aba die Nase schnauben dürf man sich nur uff Tolette.

G: Aba lächiln tun se öftas.

A: Aba falsch, Gott. Dit issin falschit Lächiln bei die. Die lächiln dir an und zack, haste hintarücks 'n Messa in Bauch.

G: In Bauch? Hintarücks?

A: Klah. Hintan Rücken is der Bauch, Gott. Uff die andan Seite von Bauch, da is der Rücken.

G: Hast Anatomie studiert, wa?

A: Die übanehmen nach und nach einen Würtschaftszweig nach 'n andan, Gott. Jemüseläden, Blumenläden, Zeitungskiöske, Änderungsschneidereien, China-Imbisse ...

G: Heißt dit nich Imben?

A: Wat?

G: Die Mehrzahl. Von Imbiss.

A: Uff Chinesisch?

G: Uff Deutsch. Ein Imbiss, mehrere Imben.

A: Kann sein. Jedenfalls kennick weit und breit keen' Jemüseladen mehr, der nich vonnin Chinesen betrieben würd.

G: Aba icke! Hier vorne. Chorina Ecke Fehrbellina, der Eckladen da, der würd vonnin Wietnamesen jeführt.

A: Is doch ditselbe.

G: Wietnamese und Chinese is ditselbe?

A: Asjaten. Sagen wa, die Asjaten übarenn' uns.

G: Weeßte, ick kiek ma ja nu öftas ma um. Is, sagen wa ma, so'n Hobbi von mir. Nach Feiaabend loofick janz jerne einfach rum. Ma hier rum, ma da rum. Und neulich, wie 't meene Fügung so wollte, warick doch tatsächlich in China. In diese eenen großen Stadt da, in ... na? Wie heißt die eene große Stadt da?

A: Hu?

G: Nee. Schanghai, jetz weeßicks wieda, in Schanghai warick. Und, wat sollick dir sagen, weeßte wat mir da uffjefalln is? Mir is uffjefalln, dit die ..., ej, drei Körriwurstbuden habick da jesehn, in Schanghai, drei Original-Körriwurstbuden! Die Chinesen ja, also ohne zu übatreiben, aba die Chinsen, die fahn wohl voll ab uff Körriwurst, seit neusten.

A: Intirissant.

G: Ja, wa? Sag ma, kann dit sein, dit die janzen Berlina, die hier von die Schwaben vadrängt wern, dit die alle nach China auswandan, um dort Körriwurstbuden uffzumachen?

A: Keene Ahnung. Bin ick du? Tschüss Gott.

G: Tschüss du. Ach …, du?

A: Ja, Gott?

G: Adam, wa? Und Eva, die kannten weda Stäbchen NOCH Messa und Gabil. Aba die Nachfahrn von Adam, wa? Und von Eva, die ham dit eene wie dit andire kennen und schätzen jelernt. Die eenen dit Eene, die andan dit Andre. Vastehste? Ein Kreis schließt sich, aba uff höherin Niwo.

A: In Geometrie warick janz schlecht, Gott.

G: Kommt noch. Lernste. Späta. Is wichtich.

Zwiegespräche mit Gott – heute:

Spaß

A: Na Gott.

G: Na.

A: Na, allit rodscha in Kambodscha?

G: Allit kuhl in Kabul.

A: Allit klah in Madagaskah?

G: Allit iesi in Brindisi.

A: Allit schick in Dubrovnik?

G: Allit dufte in Tartuffke.

A: Tartuffke?

G: So'n Dorf, in' Odabruch.

A: Ach kiek an.

G: Wah 'n wa an' Wochenende. Janz jemütlich jelegen. Uff die eenen Seite so'n Bach und uff die andan Seite schmiegen sich Hügel zärtlich an die Obstgärten des Ortes.

A: Des Ortes, wa?

G: Des Ortes, jenau.

A: Mit wen wahst 'n da jewesen, Gott?

G: Biste eifasüchtich?

A: Jibtit denn 'n Grund?

G: Ick wah uff Weitabildung mit meine Selbsthilfegruppe.

A: Du machst bei 'ne Selbsthilfegruppe mit?

G: Wat dajegen?

A: Nee. Ick dachte nur ..., weil de doch imma behauptist, ditte Gott bist.

G: Und? Dürfick deshalb nich bei 'ne Selbsthilfegruppe mitmachen, oda wat? Is dit jetz ürgendwie ehrabschneidend, oda wie? Sollick villeicht den lieben, langen Tach uff Wolke 7 sitzen und Harfe spieln?

A: Is ja jut. Is ja vollkomm' in Ordnung, wenn de dit machst. Von mir aus kannste dir soja auten, Gott. Habick absolut keen Problem mit. Ick bin tolerant. Dit is sozusagen meen zweeta Vorname.

G: Ach!

A: Ja. Ej, von mir aus kannste ooch meditiern, oda dir in Kreis uffstelln, mit deine Familje, um Lichtenagie uffzunehmen.

G: Du machst dir ... lustich?

A: Quatsch, Gott. Ick hab soja selba ma ..., ick hab ma Kamasutra jemacht, oda wie dit hieß. Sowat Indischit, wo man zu sein kosmischen Punkt kommen sollte, wennick dit richtich vastanden hab. Zu seinen inneren, kosmischen Punkt.

G: Und? Haste ihn jefunden?

A: Wen?

G: Deinen inneren, kosmischen Punkt.

A: Kann sein. Also dit hat jekitzilt. Aba denn binnick nich mehr hinjejangen, bein zweeten Ma.

G: Weil de Angst hattist?

A: Vor wat?

G: Vor deinen inneren, kosmischen Punkt.

A: Nee. Ick hab doch nich vor meinen inneren, kosmischen Punkt Angst, Gott. Also da kennste mir aba würklich schlecht. Nee, bein zweeten Ma, da hätte man wat bezahlen müssen, dit erste Ma wah 'ne Probestunde jewesen, und ab den zweeten Ma, da sollte man denn Kohle abdrücken, und da kannick nu ma nich jegen meine Natur, Gott, weil, ick bin doch Preuße, weeßte? Und Spahsamkeit, Spahsamkeit is nu ma die Grundtugend von uns Preußen.

G: Wah dit nich die Grundtugend von die Schwaben?

A: Du vawechsilst dit mit Geiz, Gott. Geiz is die Grundtugend von die Schwaben, Spahsamkeit die Grundtugend von uns Preußen. Dit issin himmilweita Untaschied, 'n himmilweita Untaschied is dit. Dit is, als wenn de Jewalt mit Kraft vagleichen würdist. Aba zurück zu Tartuffke.

G: Zu wat?

A: Wo sich die Hügel zärtlich an die Obstgärten des Ortes schmiegen.

G: Ach, Tartuffke!

A: Sagtick ja.

G: Willste ma mitkomm', nach Tartuffke?

A: Nee. Ick will wissen, watta da jemacht habt.

G: Wir ham … wir ham uns untahalten. Wir sind spazieren jejangen. Wir haben Ball jespielt. Denn ham wa noch jebadit, in den Bach da, ham wa jebadit. Obst ham wa jejessen. Wir haben zusammen jelacht und jetrunken, und abends sind wa wieda nach Hause jefahn.

A: Wat issin dit für 'ne Selbsthilfegruppe, Gott?

G: Dit is unsire Selbsthilfegruppe. Namen ham wa nich. Brauchen wa nich.

A: Und wat …, ick meine, wat solln dit bringen?

G: Wat soll wat bringen?

A: Na, dit Untahalten, dit Spazierenjehen, dit Ballspielen, dit Baden, Essen, Lachen, Trinken?

G: Dit macht Spaß.

A: Ja. Aba, ick mein, dit muss ja ooch wat bringen.

G: Spaß? Spaß bringt … Spaß.

A: Aha. Tschüss Gott.

G: Tschüss du.

A: Ach, Gott?

G: Ja?

A: Spaß?

G: Spaß.

Zwiegespräche mit Gott – heute:

Taub

A: Na Gott.

G: Na.

A: Na, haste jehört, Gott, wat der Papst jesacht hat?

G: Wennick uff allit achten würde, wat meene Kreaturen so von sich jeben, wärick schon janz wuschich in Kopp.

A: Der Papst, Gott, hat in Brasiljen jesacht, er sei ja nun ma Argentinja, aba dafür wäre Gott Brasiljana.

G: Schleima!

A: Aba die Schwulen ham sich zumindist jefreut, Gott.

G: Dit ick Brasiljana sein soll?

A: Nee. Darüba, ditta außadem jesacht hat:»Wer binnick, dittick üba sie richten soll.«

G: Seit wann berlinat der Papst?

A: Is ja nur die Übasetzung, Gott. In Original warit selbstvaständlich uff Latein.

G: Du kannst Latein?

A: Nee. Ick hab dit außin Deutschen ins Berlinerische übasetzt.

G: Respekt!

A: Findist du dit einklich normal, Gott, wenn Männa so mit Männa und Frauen so mit Frauen?

G: Dit is perwers!

A: Findste perwers, wa?

G: Perwers is jakeen Ausdruck. Dit is nu würklich ... dit is dit Abahtichste von Hintaletzten, wattit jibt! Eklich is dit! Widawärtich! Dit is direkt ... schwul, is dit!

A: Ja, issit ja ooch. Wusstiste einklich, Gott, dit schwul, also der Begriff »schwul« jetz, dit der ursprünglich 'n Ausdruck für lesbische Liebe wah?

G: Hmm. Und wusstist du, dit schön, also der Begriff »schön« jetz, dit der ursprünglich 'n Ausdruck für hässlich wah? Und »groß« erstma kleen bedeutite? Und »Atomrakete« janz zun Anfang noch 'n andiret Wort für Streichilzoo wah?

A: Nee, dit wusstick nich, Gott.

G: Mann, is mir doch pupsejal, mit wen ihr so rummacht. Wenn ick nich jewollt hätte, dit Bruno und Detlef sich jegenseitich die Brustwahzen lecken und Walburga ihra Mannschaftskapitänin bei Turbine Potsdam diskret zulächilt, knick-knack, denn würdit dit allit ooch nich jeben, also habt euch jefällichst nich so und kümmat euch um die wichtijen Sachen.

A: Boah! Jetz haste aba wieda mit Klischees um dir jeschmissen, Gott. Bruno und Detlef und Frauenfußball.

G: Und? Hättick lieba Rüdiga und Johannis awähnen und Busengrapschen sagen solln?

A: Boah! Busengrapschen, Gott. Du bist echt manchma so peinlich!

G: Wieso? Jibs. Is 'ne Sportaht. In nordwestlichen Teil von Papua-Neuguinea würd Busengrapschen quasi als Volkssport betrieben. Jenauso wie 't in Übrigen ooch Pimmelfechten jibt und Fingahakiln und Tüschtennis. In Tüschtennis jibtit soja 'ne Weltmeistaschaft.

A: Ick weeß. Tschüss Gott.

G: Tschüss du.

A: Ach, Gott?

G: Ja?

A: Warum sagst 'n dit nich ma all diejenijen, die an dir glooben?

G: Dittit Pimmelfechten jibt?

A: Dittit von dir so jewollt is mit dem so und so und so.

G: Dem so und so und so?

A: Na mit den vaschiedenen sexuellen Variatjonsmöglichkeiten.

G: Variatjonsmöglichkeiten, hui hui hui.

A: Mann, ick ...

G: Ick hab dir ja vastanden, aba meinste dit hättick nie jemacht? Hört doch keena uff mir. Uff mir hört doch keena.

Zwiegespräche mit Gott – heute:

Psychosomatisch

A: Na Gott.

G: Na.

A: Na, italjenischa Fluss mit vier Buchstaben, Gott?

G: Arno?

A: Topp.

G: Ick zieh übrijens doch nich nach Marzahn.

A: Nee. Ick ooch nich.

G: Der neue Hausbesitza hat nämich jesacht, die Mieten würden höchstins moderat steigen.

A: Und die Pläne für 't neue Atomkraftwerk in Prenzlaua Berg sind ja nu ooch von' Tüsch.

G: Ihr scheint zur Vanunft zu kommen, langsam.

A: Ick hab dit ja schon imma jesacht, Gott, Atome spalten is fies.

G: Dürfste aba nich mehr so oft dit Licht anlassen, jetze.

A: Kerzen, Gott. Ick lass imma 'ne Kerze brennen.

G: Bist 'n Juta.

A: Findick übrigens voll merkwürdich, Gott, dit »Gutmensch« als Beleidigung gildit.

G: Ja, ein Tollhaus is dit hier, momentan.

A: Weeßte, Gott, dit in Indjen die Regierung beschlossen hat, dit, wer sich sterilisieren lässt, denn anne Tombola teilnehmen dürf?

G: Hauptsache, da sind denn nich nur Nieten drin.

A: Inne Regierung?

G: Inne Tombola.

A: Der Hauptpreis soll wohl ein Nano-Auto sein.

G: Nano-Auto? Sind dit etwa die, die noch kleena sind als Mätch-boxautos?

A: Keene Ahnung, Gott. Nano is wohl so'n Modell, von so 'ne Autofürma. Aba, ick meine, ma ehrlich, würdist du dir die Eia abschneiden lassen, in die wagen Aussicht, denn den Hauptpreis bei 'ne Tombola abzufassen?

G: Och, ick will ja sowieso keene Kinda mehr.

A: Nach die großen Enttäuschung, wa?

G: Wat?!

A: Ach nüscht. Aba ürgendwie doch 'n bisschen plump, findick.

G: In China hats schließlich ooch funktjoniert.

A: Stümmt. Bloß dit der Hauptpreis da 'n andara wah.

G: Tja, die Freiheit, die is schon wat Schönit.

A: Fällt mir ooch imma als Erstit zun Thema China ein, Freiheit.

G: Immahin musstiste nich in' Knast, wenn de dir mit einen Kind beschieden hast.

A: Ja. Meistins ja mit einen Jungen. Die Chinesen, Gott, sind dit einzichste Volk uff de Welt, wo wesentlich mehr Jungen jeboren werden als Mädchen.

G: Meine Wege sind eben unagründlich.

A: Jenauso wie die Wege zun Kommunismus, wa?

G: Awähne disit Wort nich mehr in meine Gegenwaht! Du weeßt, dadruff reagierick allergisch.

A: Ick reagiere ja imma bei Westwettalage allergisch, Gott.

G: Aba Bananen frisste trotzdehmd.

A: Würkich, Gott. Imma wennit in' Somma feucht und nass is …

G: Hmm, feucht und nass.

A: Ick meine feucht und kühl, und wenn noch dazu die Wolken von Westen heranziehn, denn mussick niesen wie 't Blöde.

G: Tja. Als die Maua noch stand, wa?

A: Jenau. Da wah dit noch nich. Ick meine, ick weeß dittit nüscht mit'n'nanda zu tun hat, aba die Allahgie hat Tatsache erst nach de Wende einjesetzt.

G: Psüchosomatisch.

A: Haste dit studiert, oda wat?

G: Nich allit, wat die Schulmedizin behauptit is mit meine spiri-
tuellen Prinzipjen grundsätzlich unvaeinbah. Ooch ein blindit
Huhn findit ma die richtje Antwort.

A: Daruff, Gott, einen Doppilkorn.

G: Man muss nich imma wat awiedan, Sportsfreund. Manchma
jenügtit ooch einfach, die Klappe zu halten.

A: Ick, jedenfalls, muss ständich niesen, Gott, bei Westwettalage.
Und jucken tutit außadem. Und an allahschlümmsten is diesit
Scheiß-Asthma. Obwohl, janich ma, dit Allahschlümmste, dit
is ja wohl, dit die Schulmedizin bisher nüscht jefunden hat,
wat meene Leiden lindan tut.

G: Beten willste ja nich.

A: Nee. Da, allahdings, is mir die geistije Jesundheit deutlich
wichtija als die Körpaliche. Tschüss Gott.

G: Tschüss, du Ignorant.

A: Selba. Ach, Gott?

G: Ja?

A: Kürchlicha Feiatach mit sechs Buchstaben?

G: Silwesta?

Zwiegespräche mit Gott – heute:

Da heißt ja

A: Na Gott.

G: Na.

A: Na, wer is einklich dein Lieblingskomika, Gott?

G: Peer Steinbrück jedenfalls nich.

A: Peer Steinbrück is doch keen Komika, Gott.

G: Ebend.

A: Haste einklich die Katze jesehn?

G: Welche Katze?

A: Na die, nach die hier übaall jesucht würd. Häng' doch ubaall so Zettil rum, wo 'ne Katze jesucht würd, in die Gegend. 'ne jetigate Katze, Gott.

G: Du meinst den Kata?

A: Ja, Katze, Kata, wat weeß icke. 'ne Katze ebend.

G: Nee. 'n Kata.

A: Ja. Aba umgangssprachlich würd ja wohl von Katzen jesprochen, wennit um die Tieraht jeht. Is übrigens intiressantaweise die einzije Tieraht, Gott, die mir so spontan einfällt, die nach ihre Weibchen benannt worden is.

G: Und wat is mit Enten?

A: Ja.

G: Und mit Kühe?

A: Ja. Ick mein jetz, so spontan. Deswejen habick ja ooch »spontan« jesacht, Gott. Spontan is mir die als Einzije einjefallen. Wennick länga darüba nachjedacht hätte, wärn mir sicha ooch Enten noch und Kühe einjefalln.

G: Und Tauben, wa? Und Hühna. Und Gänse. Und Puten.

A: Ja. Aba dit sind ja allit Vögil, Gott. Bei Vögil is dit ja ooch klah, schon alleene wegen die Fedan, so tralala, weeßte? Da is dit ja ooch klah, dit die nach ihre Weibchen benannt wern. Putt, putt, putt.

G: Der Auahahn?

A: Außa den Auahahn natühlich. Aba bei den is dit ja ooch klah.

G: Warum?

A: Weil der Auahahn … weil der eben die Ausnahme bildit, der Auahahn. Die Ausnahme, welche die Regil bestäticht.

G: Der Storch. Der Zaunkönich. Der Schwan.

A: Also pass ma uff, ja? Ick bin hier nich der Botanika, Gott. Ick kenn mir mit Tiere nich so besondas jut aus. Ick hab dit nich studiert. Ick durfte nämich damals nich studiern, weilick nämich damals meene Übazeugungen nich varaten hab. Ick bin weda inne Kampfgruppe jejangen, um meenen Führaschein machen zu dürfen, damals, noch binnick inne Patei einjetreten, um Eintrittskaten für'n Kessil Buntit mit Dagma Frederick zu kriegen, und bei de Stasi warick ooch nich.

G: Neulich haste noch jesacht, ditte bei de Stasi jewesen bist.

A: Ja. Um dir zu ärgan habick dit jesacht.

G: Warum bitte sollte ick mir darüba ärgan, dit du bei de Stasi jewesen bist?

A: Weil … Wahst du einklich bei de Stasi, Gott?

G: Icke?!

A: Ja. Du.

G: Ick soll bei de Stasi jewesen sein?! Sag ma, spinnst du!

A: Ick hab doch nur jefracht.

G: Ja, eben. Warum frachst 'n sowat Hürnvabranntit?! Ick meine, da musste doch bloß eins und eins zusammenzähln, um dir diese selten dämliche Frage zu beantworten. Ein einzjet Ma bloß nachjedacht, weeßte, in deine Eiaomme, und du hättist

101

dir diese vollkommen bekloppte Schwachmatenfrage spahn können. Ein einzjet Ma! Ein einzjet Ma nur deine vabliebenen grauen Restzellen aktiwiern, aba weeßt wahscheinlich nich, wo der Hauptschalta is, wa?!

A: Warum bist 'n glei so aggressiw, Gott?

G: Wie heißt dit Land, wo wa jetz lehm?

A: Bundisrepublik Deutschland?

G: Wat is mit dem Land passiert, wo wa bis 1990 noch jelebt ham?

A: Dit … jibtit nich mehr?

G: Wer sollte für die Sichaheit dieses Staates sorgen, in dem wa bis 1990 noch jelebt ham?

A: Die … Sowjetunjon?

G: Die Stasi, du Pfeife! Wer also kann nie und nimma bei de Stasi jewesen sein, wenn de bedenkst wer ick bin und wie jämmalich die Stasi vasagt hat?

A: … du?

G: Na bitte. Mit viel Hilfestellung, aba immahin. Wenn ick bei de Stasi mitjemacht hätte, Freund Blase, denn wär Angela Merkil heute nich Bundiskanzlerin vonne Bundisrepublik Deutschland, sondan Generalsekretärin des ZKs der SED und Vorsitzende des Politbüros, denn würdit in' Intanet lediglich DDR I und DDR II jehm und von Zingst bis Zwickau täten se nackich baden, von April bis Oktoba, durchjängich, ejal zu welchen Wetta.

A: Ach, wär dit schön.

G: Ick hau dir glei uff de Fresse, Piepil!

A: Tschüss Gott.

G: Tschüss du.

A: Ach, Gott?

G: Ja?

A: Mir?

G: Klah dir. Wen sonst?

A: Ick mein Frieden, Gott. Frieden, uff Russisch.

G: Da.

A: Wo?

G: Da heißt ja.

Zwiegespräche mit Gott – heute:

Zeichen

A: Na Gott.

G: Na.

A: Na, wie lange kannst du einklich die Luft anhalten, Gott?

G: Ick bin Gott.

A: Ick hab vorhin 78 Sekunden jeschafft. Is ja wichtich, Gott, dit man dit weeß, weeßte? Weil, wennit zun Beispiel brennt und man so durchs Feua rennen muss, oda wemman 'ne Höhle akundit und plötzlich strömt da Wassa rin und man muss, um wieda rauszukommen, da durchtauchen, denn is man ja ruhiga, wemman weeß, ach, halb so wild, ick kann ja 78 Sekunden die Luft anhalten.

G: Haste vor 'ne Höhle zu akunden?

A: Nee. Aba manchma brennts ja ooch, ooch ohne dit man dit will, oda dit passiert wat Unvorherjesehenit, kann ja ooch ma, wie in diesa eenen Stadt in Sachsen/Anhalt, so'n Erdrutsch jeben, zack, sackt da plötzlich die Straße weg, und du so uff die Vakehrsinsil, vastehste, rauschst mit die janzen Scheiße inne Tiefe, würst vaschüttit, gräbst mit deine Drecksgriffil dir durch die Jesteinsschichten, entdeckst so'n altit Abflussrohr, kriechst da rin und wartist uff Rettung.

G: Denn nützen dir deine 78 Sekunden aba wenich.

A: In' Ernstfall, Gott, in' Ernstfall schafft man meistens mehr. Da wächste denn üba dir hinaus. Wichtich is, ditte dir üba deine Fähichkeiten bewusst bist, ditte nich in Panik jerätst und hier, wat weeß icke, um Hilfe schreist, sinnlos, oda so. Schön in Ruhe analysieren, Vor- und Nachteile abwägen und vor allen spahsam mit den Sauastoff umjehn. Flach atmen. Lieba Klopfzeichen, als Rufen.

G: Is ürgendwat? Stehn die Sterne ungünstich? Quäln dir Alpträume? Haste wat in deinen Kaffesatz entdeckt?

A: Kaffesatz?! Wat solln der Quatsch? Gloobste, ick bin Esoterika, oda wat? Nee ..., aba in letzte Zeit is mir dreima meen Marmeladenbrötchen runtajefalln, und dreima, Gott, is dit Marmeladenbrötchen uff die Marmeladenseite jelandit.

G: Nein!!!

A: Doch.

G: Und da haste anjefang', Luft anhalten zu üben?

A: Nee. Da habick mir 'n neuit Brötchen jeschmiert.

G: Mit Marmelade druff?

A: Richtich, Gott. Weeßte einklich, wie der Berlina zu Brötchen sagt?

G: »Schrüppe«?

A: Janz jenau. Aba ick sag manchma trotzdem »Brötchen«, weil, kommt janz druff an, wat so druff is, weeßte? Also Eia, wa, bei Eia, da sagick imma »Eiaschrüppe«, weil »Eiabrötchen« hört sich ürgendwie nich an, findick. Eiabrötchen, dit hört sich jenauso an wie »Marmeladenschrüppe«, dit passt ürgendwie nich, dit is ditselbe wie bei Backschelle, dit müsste ja einklich ooch »Wangenschelle« heißen, aba »Wangenschelle«, weeßte, »Wangenschelle«, wie klingt 'n dit? Deswejen Backschelle.

G: Und wenn ein Marmeladenbrötchen dreima uff seine Marmeladenseite jefallen is, denn is wat Schlümmit in Anmarsch, hamse euch bei Marxismus-Leninismus beijebracht?

A: Nee. Nich unbedingt, Gott. Aba, is immahin an drei uffeinanda folgende Tage passiert.

G: Wah an den letzten Tach diesa drei uffeinanda folgenden Tage zufällig Vollmond jewesen?

A: Nee. Aba da hats jeregnit. Also …, wartte ma? Doch. Dit wah 'n Mittwoch? Doch, da hats jeregnit.

G: Willste 'ne Stürnlampe haben? Also, falls de vaschüttit würst?

A: Habick schon, Gott. Stürnlampe, Pflasta, Teelöffilchen, führick grundsätzlich bei mir.

G: Um dir mit den Teelöffilchen auszugraben?

A: Nee. Dit is, fallsick ma Appetit uffin Joghurt vaspüre. Tschüss Gott.

G: Tschüss du. Ach, du?

A: Ja, Gott?

G: Komm, halt doch bitte nochma die Luft an, ja? Ick zähl ooch mit. Und danach icke. Ma sehn wer länga schafft.

Zwiegespräche mit Gott – heute:

Eins von beiden geht nur

A: Na Gott.

G: Na.

A: Na, ick hab jebastilt.

G: Spannend.

A: Ja, wa? Ick bin ja sonst nich so der Bastla, Gott. Meene Olle sagt imma: Bastiln und ick, dit is wie Herzkaspa und Feldsalat, wie Sarah Wagenknecht und Hippiemucke, wie Sunniten und Schiieten is dit.

G: Sunniten und Schiieten?

A: Ja, die passen ja ooch nich zusammen.

G: Die passen sehr wohl zusammen.

A: Die streiten sich aba imma.

G: Streiten du und deine Olle …, streitit ihr euch nie?

A: Nee. Also doch, aba dit is ja ooch wat andirit.

G: Warum?

A: Weil, ick und meene Olle, weil …, wir leben ja zusammen.

G: Jenau wie Schiieten und Sunniten. Und übrigens ooch der Rest. Ihr streitit euch, weil ihr euch ähnlich seid. Sehr, sehr ähnlich. Ihr seid eben noch jung.

A: Na, nich alle, wa? Wolfgang Niedecken is ja mittlaweile 63.

G: Wer is Wolfgang Niedecken?

A: Ein Sänga, Gott. Bekannt jeworden durch seinen Schlachanfall.

G: In Vagleich zu Schüldkröten seid ihr jung.

A: Weeßte, Gott, dit mir 'ne Schüldkröte ma jebissen hat?

G: Hattiste azählt, ja.

A: Dabei hatte die nichmas Zähne. Trotzdem hat dit jeblutit.

G: Schüldkröten haben nie Zähne.

A: Die hat mir als Nebenbuhla betrachtit. Hat jedenfalls dit Herrchen jesacht, von die. In Bayan, Gott, hamse ja 'n janzen See abjepumpt, weil da so 'ne Monstaschüldkröte einen Kind einen Fuß abjebissen hat.

G: Da wurde 'ne Sehne zatrennt.

A: Ick find dit nich jut, Gott, dit man nürgenswo mehr sicha is. Komm ja ooch langsam die Malarijamücken, hier, die wandan ja ooch langsam ein. Und jibt ooch schon Wollkrebse inne Elbe und in Marzahn, Gott, zu den die Westla imma »Mahrzan« sagen, da hamse neulich 'ne Kobra Konstriktor jefangen.

G: 'ne Boa, meinste.

A: Nee. 'ne Kobra, Gott. 'ne Kobra Konstriktor. 'ne orginal Kobra Konstriktor!

G: Also entweda Boa Konstriktor, dit is 'ne Würgeschlange, oda Kobra, zun Beispiel Könichskobra, dit is 'ne Giftschlange. Eens von beeden jeht nur.

A: Denkste, Gott, denkste! Ick sag ja, dit mutiert allit nach und nach. Da kommste nich mehr hintaher. Is villeicht wegen die Weichmacha in Plaste oda wegen die Medikamente in Fleisch. Pah Pilze zun Beispiel …, meene Oma, Gott, die hat ja den Kahlen Krempling noch als Speisepilz jesammilt. Heute issa giftich!

G: Einiges würd von einigen eben bessa vatragen. Andires von andiren schlechta.

A: Die Natur schlägt zurück, Gott. Siehste ja ooch an Wetta. Hätten wa bloß die Dampfmaschine nich jebaut!

G: Wat haste denn jebastilt?

A: Icke? Ick hab Papierstreifen jeschnitten, Gott, längliche Papierstreifen. Alle gleich lang. Also sollten jedenfalls gleich lang werden. Und denn habick uff alle 34 Papierstreifen wat ruffjeschrieben. Und zwah die Namen von Pateien, Gott. 34

Pateien habick da ruffjeschrieben. 34 deutsche Pateien. Und denn habick die Streifen so einjerollt und mit Schnippsgummis, mit Schnippsgummis habick die Röllchen fixiert. Kennste Schnippsgummis, Gott?

G: Hmm.

A: Tschüss Gott.

G: Tschüss du. Ach, du?

A: Ja, Gott?

G: Wat willste denn machen, mit die Röllchen?

A: Sind Lose, Gott. Zur Wahl. Da stellick mir mit vor 't Wahllokal, und denn kann jeda, der nich weeß, watta wähln soll, eenma ringreifen und sich seine Patei ziehn.

G: Is aba nich grade im Sinne der Demokratie, weeßte, wa?

A: Kann sein. Aba is doch ejal, Gott, wenn sowieso bald die Sumpfmonsta komm'? Die Natur schlägt zurück. Hätten wa bloß die Dampfmaschine nich jebaut! Hätten wa bloß niemals die Dampfmaschine jebaut.

Zwiegespräche mit Gott – heute:

Verkaufen, verkaufen, verkaufen

A: Na Gott.

G: Na.

A: Na, die ham die Koofhalle vakooft.

G: Wer kooft denn 'ne Koofhalle?

A: Na, die ham nich direkt die Koofhalle vakooft, Gott, sondan den Grund und Boden, uff den die Koofhalle steht, den ham-se vakooft.

G: Wer kooft denn Grund und Boden, wo 'ne Koofhalle druff steht?

A: Die würd natühlich nich stehen bleiben, Gott. Die kommt weg und denn würd da jebaut.

G: Aha die is doch grade erst renowiert worden, die Koofhalle.

A: Dit is die doch ejal! Mit 'ne Koofhalle kannste nu ma nich so ville vadienen, wie mit 'n pah schöne Wolkenkratza volla Eigentumswohnungen.

G: Da solln Wolkenkratza hin?

A: Keene Ahnung. Aba könntick mir schon vorstelln. Wenn se jenuch Schmiergeld übaweisen? Kiek ma, Gott, Berlin braucht die Kohle, weil doch hier olle Wowereit und den sein Henkil, die ham doch diesen Flughafen, Gott ..., kannste dir ainnan?

G: Einen Flughafen?

A: Jenau. Einen Flughafen. Richtich, Gott. Die wollten zusammen einen Flughafen baun, von wo aus Berlin mit die janzen Welt vabunden worden wär.

G: Ein alta Traum von euch Menschen.

A: Hmm. Aba is ja denn mächtich inne Hose jejangen.

G: Hattiste azählt, stümmt. Weil die Feualöscha fehlten, wa?

A: Zuerst, Gott, zuerst ham nur die Feualöscha jefehlt, aba denn hamse noch andre Sachen entdeckt. Denn hamse festjestellt, dit die Türen beispielsweise, ja, die Türen jingen janich uff, die automatischen Türen, Gott, die Einlass- und Auslasstüren, wat ja für einen reibungslosen Ablauf von so ein' Passagierflughafen ürgendwie nich grade vorteilhaft is, wemman weda rin noch raus kann.

G: Schwierich, ja.

A: Oda? Aba dit wah noch nich ma allit, Gott. Bei die Klos hatten se die Abflüsse vajessen, die Rolltreppen waren lediglich für Pasonen bis 50 Kilogramm ausjelegt, durch die Decke tropfte es munta rin, bei Regen, und der Fußboden, ja, der begann bei Zimmatemperatur Fäden zu ziehn, und dit Allahschärfste, die Aussichtsplattform, die hatte man zur falschen Seite hin jebaut, da konnte man janüscht sehn von.

G: Ach du Scheiße!

A: Stell dir ma vor, Gott. Ick meine, kann sich ja nich jeda so'n Flugvagnügen leisten, wa? Da jehste zur Fela des Tages, an Weihnachten, schnappste dir Sohnemann und Töchtalein, weeßte, vasprichst ihnen, dit se heute ma Flugzeuge sehn könn', echte Flugzeuge, janz aus de Nähe, und denn koofste für deine letzten Penunsen drei Eintrittskaten, für die toppaktuellste Aussichtsplattform vonne Galaxis, und denn, wa, Pustekuchen, siehste janüscht, also jedenfalls keene Flugzeuge, bloß 'n alten Traktor, der den letzten Spargil umpflügt.

G: Spargil? Zu Weihnachten?

A: Jibs. Chinesischen, Gott. Der is robusta.

G: Furchtbah.

A: Jeht so. Uff jeden Fall kostit dit jetz wohl so ville, wie se janich jedacht ham und deswejen vakoofen se allit.

G: Allit?

A: Na ja. Ville hamse ja nich mehr. Den Fernsehturm noch, dit Rote Rathaus und die Museumsinsil, bei die jibtit wohl soja schon 'n Inwestor, der will da 'ne Schopping-Mohl hinpflastan.

G: Mussa sich aba baeiln, Weihnachten is ja bald.

A: Tschüss Gott.

G: Tschüss du. Ach, du?

A: Ja, Gott?

G: Villeicht kannick ja ma mit die reden, die da die Wolkenkratza hinbaun wolln? Villeicht kann die Koofhalle ja unten mit rin, ins Erdjeschoss.

A: Ach Gottchen. Du bist so dermaßen naiv, dittick dir schon fast wieda küssen könnte. Mann, die pissen sich doch ein vor Lachen!

G: Na und? Wenn schon. Kriegen se wenichstens Schümpfe, zuhause.

Zwiegespräche mit Gott – heute:

Bis auf Kuba

A: Na Gott.

G: Na.

A: Na, dit Phantom-Tor jesehn, Gott?

G: Sehick so aus?

A: Tatsachenentscheidung, sagick nur. So is dit nun ma, in' Fußball.

G: Tatsachenentscheidung, wat für ein beklopptit Wort. Wenn wat passiert is, issit passiert. Dit kann doch keena entscheiden.

A: Ooch du nich, Gott?

G: Dit steht uffin janz andan Blatt. Dit entzieht sich eura Deutungshoheit, darüba brauchen wa janich erst reden.

A: Worüba könnwa denn reden?

G: Üba mir und die Welt?

A: Bischof van Elst, Gott?

G: Außa üba Bischof van Elst.

A: Und wie issit mit die Zweeten Welt, Gott? Schon ma wat von die Zweeten Welt jehört?

G: Die befindit sich noch inne Planungsphase. Da mussick dit een oda andire Deteil noch übadenken. Jilt schließlich 'n pah Makil auszumerzen. Sowat wie Seegurken oda Hartmut Mehdorn dürf mir nich nochma passiern. Da heißtit sorgfältich zu Werke jehn.

112

A: Ick mein die Zweete Welt, Gott, die zwüschen die Erste Welt und die Dritte Welt liegt.

G: Ach, die Zweete Welt meinste!

A: Jenau die.

G: Wat …, ick meine, hilf mir ma uff de Sprünge.

A: Ick weeß dit doch ooch nich, Gott. Neulich is meen Sohn zu mir jekommen, also der Große, und der meinte, sie hätten in' Heimatkundeuntaricht, oda wie dit heutzutage heißt, wat üba die Dritte Welt jehabt und er solle jetz da 'n Refirendum oda Referat oda weeß der Fuchs halten und er wisse aba janich so richtich Bescheid, und da habick denn jesacht: »Ruhich Brauna, dit kriegen wa schon hin.«

G: Issa bei die Nazis jelandit, dein Sohn?

A: Nee. Ick hab Brauna …, dit sagt man so, Gott. »Ruhich Brauna«, dit kommt aus de Reitasprache und Reita sind so Menschen, die sich uffin Rücken von Pferden fortbewegen, oda bessa fortbewegen lassen.

G: Watte nich sagst.

A: Und Pferde sind ja häufich braun, Gott.

G: Jibt ooch welche mit Streifen.

A: Dit sind Zebras.

G: Wildpferde. Und die Streifen habick ihnen jejeben, jegen die Mücken.

A: Hmm. Na, jedenfalls wemman sagt »Ruhich Brauna«, denn will man damit den Pferd vamittiln, dittit keene Angst zu haben braucht.

G: Angst is aba notwendich, zun Übaleben.

A: Ja. Aba jibt ja ooch ürratjonale Ängste.

G: Vor den andiren Jeschlecht, meinste?

A: Zun Bleistift. Aba ooch vor Herausfordirungen, vor Refe… dingsdabummsen. Na, jedenfalls hamma denn nachjekiekt, in' Intanetz, und da stand, dit früha die Ostblockstaaten, also die kommunistischen …, die Lända des real existierenden Sozjalismus, Zweete Welt jenannt worden sind, aba die jibs ja nu nich mehr.

G: Bis uff Kuba.

A: Soll Kuba die Zweete Welt sein?

G: Nordkorea noch?

A: Kuba und Nordkorea solln die Zweete Welt sein? Dit is doch lachhaft, Gott!

G: Na ja. Wäre nich dit Erste, wat lachhaft is bei euch, oda? Ick ainnere nur an …

A: Die jibtit nich mehr, die Zweete Welt. Die Zweete Welt, Gott, die jibtit einfach nich mehr! Wennit aba die Zweete Welt nich mehr jibt, denn müsste doch einklich die Dritte Welt denn uffsteigen, oda?

G: Oda die Erste Welt steigt ab.

A: Denn jibtit aba die Erste Welt nich mehr.

G: Wenn die Dritte Welt uffsteigt, jibtit die Dritte Welt nich mehr.

A: Denn müsste meen Sohn wenichstens seinen Vortrag nich halten. Tschüss Gott.

G: Tschüss du.

A: Ach, Gott?

G: Ja?

A: Wat findste denn an Seegurken so schlümm?

G: Ach, diese Orientierungslosichkeit nervt. Die lassen sich imma nur treiben.

Zwiegespräche mit Gott – heute:

Telegen

A: Na Gott.

G: Na.

A: Na, findste dit einklich richtich, Gott, dit so Frauen, dit die sich ihre Brüste freimachen, um damit jegen Sexismus zu demonstriern?

G: Kommt uff die Tempratur druff an.

A: Uff die Tempratur, wa?

G: Ja. Wenns kalt is, jibtit sicha anjemessnere Protestformen als sich auszuziehn.

A: Die wolln schocken, Gott. Dit jeht denen nich um wahm oda kalt, die wolln schocken.

G: Ick bitte dir. Mit Brüste schocken. Brüste sind doch wundaschön. Da habick mir so 'ne Mühe bei jejeben, alsick die jemacht hab.

A: Hmm.

G: Übrijens ooch, wenn se alt sind. Selbst wenn Brüste alt sind, sehn die imma noch bessa aus als dit, wat bei euch so zwüschen de Beene bammilt.

A: Findste?

G: Ja. Wennick ehrlich bin, hättick da janz jerne nochma wat rückgängich jemacht, aba jing nich.

A: Jing nich?

G: Nee. Jing nich.

A: Warum jing 'n dit nich, Gott?

G: Weil ick unfehlbah bin.

A: Vastehe. Aba die Brüste bei Frauen und dit, wat bei uns so zwüschen de Beene bammilt, vagleichste da nich Äppil mit Bürnen, Gott?

G: Sieht dein Schniepil etwa wie'n Appil aus?

A: Ick meine, wir Männa, Gott, wir ham schließlich ooch 'ne Brust.

G: Ja, aba wat für eene! Als wenn Schmalhans Küchenmeista jewesen wär. Falls hier jemand mit seine kläglichen Brüste schocken könnte, denn ja wohl ihr, ihr Männa.

A: Vasuchen wa ja, Gott, aba ick gloob, da hat sich dit Protestpotentjal bereits abjenutzt. Dit schockt keenen mehr. Hat aba ooch eha wat mit die kulturellen Komponente zu tun, gloobick. Ick meine, Frauen durften ja bis vor kurzen nichma ihre Haare zeigen oda ihre Obaschenkil, wenn se jetz ihre Titten rausholn, wa, denn wolln se dit so jedeutit wissen, dit se dit nur von sich aus tun und für ihre Intiressen, ejal wat der Rest von Schützenfest dazu sagt.

G: Von welchen Schützenfest?

A: Von den in Dingenskürchen.

G: Da, wo dit Hochwassa wah?

A: Janz jenau. Dit Einzje, Gott, wattick merkwürdich finde, dit is, dit sich da imma nur der aktuellsten Mode entsprechend hübsche Frauen obenrum freimachen. Ick meine, die ham doch vorn pah Wochen jegen so 'ne Moddelkastingschoh protestiert, wa? Sich ausjezogen hier bei Heidi ... Dings, Nachname weeßick jetz nich mehr und aba, die, die sich da ausjezogen ham, die hätten da in Prinzip ooch glei mitmachen könn', findick, und nich nur die, alle von diese Femen sehn aus, als würde bei ihnen selba jekastit werden. Ej, mir täte dit direkt ma intrissieren, Gott, ob da welche ooch schon abjewimmilt worden sind und vor allen mit welche Begründung.

G: Ja, dit wäre unjeheua intrissant. Aba weeßte, wattick noch intrissanta finden würde?

A: Wat denn, Gott?

G: Die Wassastandsmeldungen.

A: Willste ma vääppiln?

G: Vabürnen.

A: Tschüss Gott.

G: Tschüss du. Ach ..., du?

A: Ja, Gott?

G: Jibtit einklich ooch schon Männagruppen, die sich freimachen, jegen Sexismus?

A: Von Gruppen is mir nüscht bekannt, Gott, aba einzilne Männa solls schon jeben, die ihren Mantil lüften und drunta blank sind. Die wolln aba, soweit ick weeß, eha nich ins Fernsehn.

Zwiegespräche mit Gott – heute:

Thamasanqa Jantjie – ein Champion der Sprache

A: Na, Gott.

G: Na.

A: Na, wahste bei Nelsen Mandela, Gott, bei den seine Beerdigung?

G: Binnick jewesen, ja.

A: Und, haste mitjekricht, mit den Jebärdensprachendolmetscha?

G: Habick mitjekricht, ja.

A: Dollit Ding, oda?

G: Ick find dit ja janz jut, dit jetz allit übasetzt würd, für die, die keene Ohrn ham.

A: Also erstens Ma hamse ja Ohrn, Gott, und zweetens hat der dit doch janich übasetzt, der Witzbold.

G: Selbstvaständlich hatta dit übasetzt.

A: Hatta nich.

G: Wahst du da oda wah icke da?!

A: Der hat nur so jetan, Gott, als wenna wat übasetzen würde. Der hat da ürgendwelche sinnlosen Zeichen inne Luft jemalt, mit seine Wichsgriffil. Wenn übahaupt. Manchma hatta ooch minutenlang janüscht jetan, nur vor sich hinjestarrt.

G: Ebend!

A: Wat heißt hier: ebend?

G: Na, wemman vor sich hinstarrt, dit bedeutit ja ooch wat.

A: Sicha. Dit bedeutit, dit man keene Ahnung hat.

G: Ick hätte dit, janz ehrlich jesacht, nich bessa übasetzen können, als wie hier olle Ihmtschak. Leere Worthülsen, platte Phrasen, Krokodilstränen, pflichtjemäßa Heuchilkitsch, da wah seine Form der Radikalität am aussagekräftichsten. Weniga is ja oftmals mehr. Nichts sagt manchma allit.

A: Du meinst, dit handilte sich um stillen Protest?

G: Man würd noch hören, von diesen Mann.

A: Wemman hören kann, Gott.

G: Punkt für dir. Falls ick eena von euch wäre, ja, fallsick jung wäre, volla Tatendrang und nich einvastanden, mit Hoffnung noch uff Besserung, ick würde umgehend vaanlassen, dit jenau diesa mutige Rebell weitere Reden und Debatten dolmetscht. Silvjo Berluskoni, Ban Ki Muhn, Angela Merkil, Wladimir Putin, die bettln doch förmlich darum demaskiert zu werden. Eine Rede Kim Jong Uns, übasetzt von diesen muntiren Teufilskerlchen, jesendit in Staatsfernsehn Nordkoreas, sämtliche Schleia würden doch reißen. Eine Woge der Erkenntnis schwappte durchs Land. Ein Sturm der Entrüstung. Ein Akt der Offenbarung.

A: Der neue Jesus, Gott?

G: Der neue Georgi Dimitroff, eha.

A: Der junge, meinste?

G: Selbstvaständlich. 'n Mädchen wahra meines Wissens nach nie.

A: Tschüss Gott.

G: Tschüss du.

A: Ach, Gott?

G: Ja?

A: Du hast würklich übahaupt jakeene Hoffnung mehr?

G: Hoffen is menschlich, mein Freund. Ick, wie bereits awähnt, bin Gott.

Zwiegespräche mit Gott – heute:

Kein Pappenstiel

A: Na Gott.

G: Na.

A: Na, 115 Euro hat dit jekostit.

G: Silwestaknalla?

A: Qutasch. Ick koof doch keene Silwestaknalla, Gott. Ick komm aus Berlin, und als Berlina, da kooft man keene Silwestaknalla.

G: Man … klaut Silwestaknalla?

A: Nee. Man bastilt Silwestaknalla. Is janz einfach, Gott. Jibs so 'ne Bastilanleitung, in' Intanet. Bei www.alkaida.com, da würd dit popileinfach aklärt, wie man dit macht. Schritt für Schritt für Schritt. Brauchste so Wassastoffperoxid, wennick mir nich ürre, zwee Kanista, denn noch Schwefilkarbonat oda wie dit heißt und Schwahzpulva oda wahlweise Dünamit, obwohl Dünamit, krichste gloobick erst ab 18, inne Koofhalle.

G: Ick dachte du wärst bereits volljährich?

A: Dachtick ooch imma, aba meene Olle meint, ick befände mir noch mitten inne Pubatät.

G: Ja, dit dauat manchma. Manchma zieht sich dit. Wah bei Jesus ooch so jewesen.

A: Bei deinen Sohn?

G: Nee. Bei 'n andan Jesus. Jesus aus Spananjen. Kennste nich.

A: Spananjen?

G: Is'n Land.

A: Ick weeß. Aba haste dit von Otto, Gott?

G: Von … Udo.

A: Udo Lindenberg?

G: Udo aus Schwehedijen. Kennste nich.

A: Na, 115 Euro hat der Schlüssildienst jedenfalls jekostit, Gott.

G: Haste dein Schlüssil valorn?

A: Nee. Ick sollte doch die Vöjil füttan, bei meinen Bruda, Gott, die Vöjil.

G: Hat der Vöjil inne Wohnung?

A: Wellnsittiche.

G: Dit is Tierquälerei, weeßte, wa?

A: Musste mein' Bruda sagen, Gott. Ick würd dit nie machen. Alle Haustiere, die ick je hatte, sind ja jestorben. Kolja, der Hund. Jut, der hat immahin 'n pah Jährchen durchjehalten. Aba Mauzi I und Mauzi II, unsre Meerschweinchen, die wahn schon nach wenije Monate tot. Ürgendwie scheinick nich allzu ideal jeeignit zu sein, als Tierpflega, obwohl, die Mehlmotten, Gott, die jedeihen einklich janz prächtich und dit bereits seite Wende.

G: Hmm. Es is nich allit schlecht.

A: Na, jedenfalls solltick die Wellnsittiche füttan, und an' ersten Tach, da wah ja ooch noch allit jut jewesen und an' zweeten Tach ooch noch und an' dritten Tach, da wah ooch noch allit jut, jenauso wie an' vierten Tach allit jut wah und an' fünften Tach und an' sechsten Tach einklich ooch noch, aba an' siebten Tach, Gott …

G: Sollst du ruhen!

A: An' siebten Tach binnick da einfach nich mehr rinjekommen. An' siebten Tach, da habick den Schlüssil da rinjesteckt ins Schloss und denn, ejal wieick da jedreht hab, ob mit drücken oda ranziehn oda hochheben, ob mit Jewalt oda Jefühl, dit Schloss jing einfach nich uff!

G: Und da haste 'n Schlüssildienst jeholt.

A: Da habick 'n Schlüssildienst jeholt.

G: Und der hat dit jeschafft.

121

A: Die, Gott.

G: Du hast mehrere Schlüssildienste jeholt?

A: Nee. Dit wah 'ne Frau jewesen, Gott.

G: Kiek an.

A: Ja. Aba 115 Euro, wie jesagt.

G: Weilit 'ne Frau wah?

A: Weeßick nich. Tschüss Gott.

G: Tschüss du. Ach, du?

A: Ja, Gott?

G: Grüß se ma, die Wellnsittiche, von mir, ja?

A: Jeht nich, Gott. Wennit stümmt, watte azählst, könntist höstens du sie grüßen, von mir. Sind nämich beede tot. Leida. Ick hätt wohl dit Fensta nich offen stehn lassen dürfen, bei sie, meint zumindist meen Bruda, dabei habicks nur jut jemeint. Ick dachte, wenns nochma hakt anne Tür, weeßte, denn könntick bequem doch durchs Fensta rinklettan. 115 Euro, Gott, also für meine Wenichkeit jedenfalls is dit keen Pappenstiel.

G: Hmm.

A: Machste?

G: Wat?

A: Grüßen.

G: Hmm.

Zwiegespräche mit Gott – heute:

2014

A: Na Gott.

G: Na.

A: Na, jut rinjerutscht?

G: Intrissiert dir dit würklich?

A: Nee, aba sacht man normalaweise an Beginn eines neuen Jahres, Gott.

G: Ick hab mir 'n Ei jekocht, zu Silwesta.

A: Alta Brauch?

G: Nee. Ick hatte Lust uffin jekochtit Ei.

A: Tust du dit Ei einklich so rum oda so rum in Eiabecha, Gott?

G: So rum.

A: Echt? Icke imma so rum.

G: Is aba falsch, weeßte, wa?

A: Is janich falsch. So rum hältit viel bessa.

G: Aba 't sieht nich aus. Außadem is die Luftblase denn oben.

A: Welche Luftblase?

G: Jedit Ei hat 'ne Luftblase, wo sich dit Wassa drin sammilt.

A: Inne Luftblase … sammilt sich Wassa?

G: Ja.

A: In jeden siebten Ei, oda wat?

G: In ausnahmslos jeden Ei. Wenn de die Eiaschale mit deinen Eialöffil uffkloppst, denn würste sehn, denn looft da imma Wassa
raus, bei jeden lumpijen Ei.

A: Ick klopp die aba janich mittin Eialöffil uff, Gott.

G: Nee?

A: Nee.

G: Du schluckstit mit Schale runta, oda wat? In' Stück.

A: Hmm. Und denn kackick dit in Stück ooch wieda aus. Da-
durch issit mehrfach nutzbah. Ick mussit bloß gründlich waschen, denn kannicks so oft essen, wie icks will. Meen pasön-
licha Beitrag, Gott, jegen die Massentierhaltung. Wenn jeda
dit so machen würde wie ick, denn könnten die Legebatterien
schon ma dicht machen.

G: Denk an die Abeitsplätze!

A: Machick ja. Eben drum! Sind doch Scheißabeitsplätze, Gott.
Is doch voll die Kackabeit in so 'ne Legebatterien. Weeßte
übrigens wieick Teilzeitabeitsplätze nennen würde?

G: … Abeitsplätzchen?

A: Richtich, Gott! Is ja 'n Ding! Wie bist 'n daruff jekomm?

G: Ick bin Gott.

A: Wahnsinn! Wahscheinlich sind wa wesensvawandt, Gott. Jibs
ja manchma, dit zwee Wesen oda ooch mehrerere Wesen
wesensverwandt sind, dit die zur selben Zeit imma ditselbe
denken und imma vom andan wissen, wat der andire imma
denkt.

G: Jibs nich.

A: Doch, Gott, doch! Doch, dit jibs. Dit würd vonne Wissen-
schaft grade untasucht, warum dit so is. Ob dit villeicht noch
mehr jibt zwüschen Himmil und Erde. Phänomene, oda so.

G: Haste dir wat vorjenommen für 2014?

A: Nee. Du?

G: Nee.

A: Äh, ick will dir nich nerven, Gott, aba, is jetz mindistins schon
zwee Jahre her, da haste mir ma vasprochen, ditte dit Nahostproblem lösen würst.

G: Und?

A: Na ja.

G: Wat heißt hier: na ja?

A: Na ja, is wie jesagt schon zwee Jahre her. Mindistens, Gott.

G: Würste unjeduldich langsam, wa?

A: Wat man vaspricht, Gott, dit muss man ooch halten.

G: Hast ja recht. Brauchst dir aba keene Sorgen zu machen, ick bin dran. Dachte nur, ick könnte dit villeicht vabinden, mit der Lösung einija andira Probleme.

A: Oh! Mach dit ma nich, Gott.

G: Nee? Wieso denn nich?

A: Nee. Mach dit ma nich. Tschüss Gott.

G: Tschüss du.

A: Ach, Gott?

G: Ja?

A: Ick köpp dit imma, mittin Messa.

G: Dit Nahostproblem?

A: Dit Ei.

Zwiegespräche mit Gott – heute:

Ausgeglichen

(Mit einer Reminiszens an Marc-Uwe Kling)

A: Na Gott.

G: Na.

A: Na, die UNO hat uffjehört die Toten zu zähln, Gott.

G: Macht ja ooch keenen Sinn.

A: In Sürjen, Gott.

G: Ach so. Ick dachte alljemein.

A: Nee. In Sürjen. Da is doch Krieg, Gott. Dit Assad-Regime jeg-
en die Rebellen und die eenen Rebellen jegen die andan Rebellen und die Kurden jegen die Sunniten und die jegen die
Alawiten und dazwüschen tummiln sich noch 'n pah Christen.

G: Man hört eine jewisse Übaheblichkeit aus deine Worte,
Sportsfreund, dabei jehts in die Jegend grade zu wie it vor
nich allzu lange Zeit ooch in diese Jegend hier zujejangen is.

A: Die ham ehmd ihre Reformatjon noch vor sich, Gott.

G: Du hast ooch glei wat vor dir und zwah 'ne orndliche Tracht
Prügil, Freundchen!

A: Oh! Kommt da etwa der alttestamentarische Gott wieda
durch, ja? Der jefürchtete Gott, der strafende Gott?

G: Bei mir kommt janüscht durch. Mir jibs nur eenma. Wat ihr
denn draus macht is eua Bier. Und in Jugoslawjen habta euch
in Übrigen ooch jegenseitich abjeschlachtit.

126

A: Da wahn ebenfalls Moslems dran beteilicht, Gott.

G: Jenauso wie an Zweeten Weltkrieg, wa?

A: Ebend. Obwohl, da wah wohl eha die Jüdische Weltvaschwö-rung schuld, wie zumindist neuire Studjen besagen.

G: Hmm. Und wann is deine Kaspastunde ma zuende?

A: Och, dit zieht sich. Weeßte, wattick übrigens gruslich finde, Gott?

G: Deinen flapsijen Umgang mit jeschichtsvafälschenden Hassthe-sen?

A: Nee. Findste dit so schlümm, ja? Kommt da etwa meine Ironie nich durch? Wennick behaupte, die Juden wärn an Zweeten Weltkrieg schuld jewesen, Gott, denn is dit doch ähnlich ab-surd, wie wennick behaupten würde die Katholische Kürche vatrete eine jesunde Sexualmoral.

G: Du machstit nich bessa, echt nich.

A: Ach, wejen Kürche jetz, wa? Aba kiek ma, Gott, dit is doch nachweislich würkich jesünda, wenn ein Mensch mit so ville Menschen wie nur möglich fickt, also jejenseitijet Einvaständ-nis ma vorausjesetzt, und mit Gummi natühlich und ohne Gummiallahgie, dit macht einfach jute Laune, und jute Laune is, da kannste fragen wen de willst, jesund.

G: … du musst jetz sicha nach Hause.

A: Ick dürf selba bestümmen, Gott, wannick nach Hause jehe.

G: Hmm. Aba is ja jetz würkich ooch schon spät.

A: Willste janich wissen, wattick so gruslich finde, Gott?

G: Azähl.

A: Du willstit janich wissen, stümmts?

G: Doch.

A: Du willstit würkich wissen?!

G: Ja.

A: Vasprichste mir, ditte nich lachst?

G: Ick vasprechs.

A: Je mehr Menschen jeborn wern, Gott, desto mehr Menschen wern ooch sterben.

G: Hmm.

A: Du lachst ja janich.

G: Ick habs vasprechen müssen.

127

A: Tschüss Gott.
G: Tschüss du.
A: Ach, Gott?
G: Ja?
A: Zählst du an Schluss denn die Toten?
G: Ma sehn.

Zwiegespräche mit Gott – heute:

Ein wahrer Freund

A: Na Gott.

G: Na.

A: Na, biste ooch besorgt, Gott?

G: Warum?

A: Nur so. Is doch grade so in. Die andan sind doch ooch alle besorgt. Scheint grade Mode zu sein, besorgt zu sein.

G: Kann ja nich jeda imma so vagnügt durch die Jegend hüpfen wie du, wa?

A: Ach. Ick hab ooch meine Sorgen.

G: Kiek an!

A: Ja. Ick bin depressiw, Gott.

G: Nee.

A: Doch. Mir jehts janich jut. Manchma sitzick so uffin Stuhl und weeß janich, wattick so machen soll, so depressiw binnick.

G: Dir is langweilich.

A: Nee. Mir is depressiw. Dit is 'ne Krankheit, Gott. Da jehts einen janz schlecht.

G: Du bist doch nich depressiw.

A: Doch, doch, Gott. Du weeßt ja janich wie 't mir würklich jeht, weil, ick setz ja meist so 'ne Maske uff, weeßte? So 'ne fröhliche Maske. Als Selbstschutz, weil, ick will ja nich, dit mir alle bedauan, ständich.

129

G: Wahste ma bein Ahzt?

A: Nee. So schlümm issit nu ooch wieda nich. Ick bin ebend depressiw. Mussick mit leben.

G: Sollte man aba nich uff de leichte Schulta nehm, Sportsfreund.

A: Ick weeß. Sind schon ville dran jestorben. Mehr als an Krebs, Gott. Aba ick hab ja Familje, weeßte? Ick dürf ja nich sterben. Sonst is meene Olle saua, und die Kinda pinkiln uff meen Grab.

G: Du redist aba schlecht üba deine Familje.

A: Ick kenn sie, Gott.

G: Man sollte nich schlecht reden üba seine Familje.

A: Ooch nich, wemman sie kennt?

G: Die Familje sollte ein' heilich sein.

A: Du hast jut reden, Gott, du hast ja keene …

G: Ick hab …!!!

A: Ja?

G: … sollick ma villeicht ma 'n pah Übungen machen, mit dir?

A: Wat denn für Übungen?

G: Atemübungen?

A: Atemübungen?

G: Atemübungen.

A: Atmen kannick schon.

G: Aba nich so.

A: Wie denn?

G: Pass uff. Du atmest jetz einfach ma ein, ja? So tief wie de kannst, atmeste ein. Und denn vasuchste einfach ma, die Luft anzuhalten. So lange wie de kannst, vasuchste die Luft anzuhalten. Am besten hältste dir dazu die Nase zu. Ja. So. Damitte nich uff dumme Jedanken kommst. Jenau so. Schön die Luft anhalten. So lange wie de kannst, die Luft anhalten. Und ick werde jetz einfach ma, in die Zeit, janz vorsichtich beginnen dir zu kitziln. Aba nich lachen, hörste? Lachen dürfste nich. Weil, man kann ja nich Luft anhalten und lachen gleichzeitich. Man muss ja atmen zun Lachen.

A: Dit bringt doch nüscht, Gott.

G: Warum solln dit nüscht bringen?

A: Dit is doch bloß 'n Herumdoktan an die Sümptome. Dit trifft nich den Kern meina Depressjon.

G: Jib nich glei uff, Mann! Müssen wa natühlich öftas machen. So is dit nu ma bei 'ne Terapie. Da dürfste keene Wunda awarten. Die Masse machts. Aba, ick meine, wir könn' natühlich ooch 'ne andire Methode vasuchen, wenn de willst, wir könn' ooch Schubkarre vasuchen, oda Brennnessil, oda Schwitzkasten. Kennste Schwitzkasten?

A: Ja. Ick kenne Schwitzkasten.

G: Is ooch jut jegen Depressjon. Oda wir machen Klingilstreiche und loofen denn weg. Dit fetzt voll ein. Wat meinste, wat die imma für Fressen ziehn, wenn se außin Fensta kieken, da könntick ma beöln, imma wieda.

A: Hmm. Tschüss Gott.

G: Tschüss du.

A: Ach, Gott?

G: Ja?

A: … Klingilstreiche?

G: Wussticks doch! Würst sehn, vatreibt Kumma und Sorgen. Ick zieh mir nur rasch meine Schuhe …, oda wie wär 't? … Alta! Mann, ick nehm die Zahnpasta mit, dit schockt noch mehr.

Zwiegespräche mit Gott – heute:

Väter der Klamotte

A: Na Gott.

G: Na.

A: Na, wir ham jetz 'n DVD-Rekorda, Gott.

G: Mit Weckfunktjon?

A: Weeß nich. Wir ham ja bloß een Fülm jesehn, bisher. »Dick und Doof«. Ürre lustich, Gott. Wir ham uns totjelacht, bein Kieken.

G: Dafür machste aba 'n janz lebendijen Eindruck.

A: Ej, der wah villeicht lustich! Dit kannick dir sagen, besondas die eene Stelle, wo Dick so oben uffin Dach ..., also, die solln ja da so'n Haus baun, so'n amerikanischit Haus, Gott. So zack, hier 'n Nagil rin, dort 'n Nagil rin, weeßte? Nich so'n solidit Haus wie bei uns, so'n deutschit Haus, wat tausend Jahre stehn bleibt, wie 'ne Eiche, 'ne stolze, nee, zack, da 'n Nagil rin, da 'n Nagil rin, so'n Haus solln die baun, und Dick aba, wa ..., also Dick heißt ja einklich Olli, der heißt ja nur uff Deutsch, ham die den ja Dick jenannt, weil Olli wär wohl nich so lustich jewesen, damals, in Deutschland. Olli also. Sten und Olli, oda ooch Looril end Hardi ...

G: Wolltiste nich wat Lustijet azähln?

A: Ja. Kommt ja glei. Man muss bei die aba ooch wissen, wie die aussehn, Gott. Dit jehört bei die dazu, bei die ihrn Humor.

Sten zun Beispiel, ja, also Sten is ja Doof. Also er heißt Doof. Uff die deutschen Übasetzung. Uff Amerikanisch heißt Sten Sten, logisch, also mit Vornamen. Mit Nachnamen heißta Hardi, Sten Har…, nee, Moment, Looril natürlich. Sten Looril und Olli …, Olli is ja bloß 'ne Abkürzung, Olli is ja die Abkürzung für …

G: Die lustije Stelle bitte!

A: Ja! Wenn de mir ständich untabrichst, Gott, denn dauat dit eben. Wo warick stehnjeblieben?

G: Bei »für«.

A: Für …?

G: »Olli is ja die Abkürzung für …«.

A: Ach richtich, Olli is ja die Abkürzung für … Oliwer. Fragick mir natühlich janz ernsthaft, warum Olli denn mit zwee L jeschrieben würd, während man Oliwer lediglich mit eenen L schreibt?

G: Müsterjös, ja.

A: Na jedenfalls Sten, wa? Sten hat ja so'n schwahzen Hut uff. So'n runden, schwahzen Hut, mit Krempe. So'n Hut, wie ihn ooch imma Tscharlie Tschepplin uffhat und Olli, also Oliwa Hardi, der hat den ooch imma uff, den Hut.

G: Eine Melone.

A: Einen Hut, Gott.

G: 'ne Melone is 'n Hut.

A: Du weeßt, wattick für een meine?

G: Ick seh ihn förmlich vor mir.

A: Wo denn?

G: Vor meinen inneren Auge.

A: Na, jedenfalls trägta den uff seinen Kopp spaziern, seinen ovalen Kopp, den Hut. Wemman fies wäre, könnte man soja sagen, der sieht aus wie'n Ei, der Kopp. Lustich, oda? … Gott?

G: Wat?

A: Na, Ei. Is doch lustich.

G: Unbedingt.

A: Man könnte ooch sagen: Er trägt eine Melone auf seinen Ei.

G: Dit könnte man sagen, durchaus.

A: Aba denn kommt ja noch dazu, Gott, ditta so buschije Augenbrauen hat und die kanna imma so hochziehn. Uff seine hohen Stürn, kanna die imma so hochziehn.

G: Watte nich sagst.

A: Und denn kiekta imma, als würda nüscht kapiern, wenn ihn jemand wat azählt. Und denn dauats 'ne Weile und denn kiekta den denn wieda an und denn lächilta janz lieb zu ihn, ohne wat zu awiedan. Aba manchma wuschilta ooch bloß mit seine Hand inne Haare rum, als wenna übalegen würde.

G: Wah dit jetz die … lustije Stelle?

A: Nee. Ick hab ja noch nichma jesagt, wie Dick aussieht.

G: Dick trägt eine Melone uff seinen Kopp.

A: Stümmt, Gott. Aba vor allen issa dick.

G: Nein!?

A: Doch. Und … er hat ein Hitlabärtchen.

G: So wie Charlie Chepplin.

A: Und … wie Adolf Hitla … Ick hab mir übrigens schon ma übalegt, Gott, ob man nich druff bestehen könnte, dit diesit Hitlabärtchen inne Öffentlichkeit »Oliwa-Hardi-Bärtchen« jenannt werden muss, wemman beweisen könnte, dit Oliwa Hardi dit Bärtchen bereits vor Adolf Hitla jetragen hat.

G: Sichalich ein Meilenstein, ja, im Aantifaschistischen Widastandskampf.

A: Oda? Jedenfalls jibt Doof Imma den gutmütijen Trottil, während Dick leicht kolerisch vaanlagt is. Und Doof piekst Dick öftas mittin Zeigefinga ins Ooge, Gott.

G: Aua.

A: Er weiß sich nich andas zu helfen. Dick dajegen fällt andauand in ürgendein Wassaloch, in einen Brunnen, oda in einen See, oda in ein Bassäng, oda ooch janz jerne ma in Winta, bei Eis und Schnee, in eine Regentonne. Und imma hatta all seine Anziehsachen an, da könntick mir voll beömmiln. Der sitzt denn da, weeßte, resigniert in Wassa rum, vaschränkt seine Ahme vor sich, legt seinen Kopp uff seine Arme, seufzt …, voll komisch.

G: Tragisch.

A: Hmm. Oda Doof, wa? Doof kippt ihn ooch ab und zu ma Wassa in seinen Hut rin, denn reichta ihn den und Dick setzt den denn uff.

G: Fies.

A: Er meint dit ja nich so, Gott. Manchma tritta ihn ooch ans Schienenbeen, wat Dick, also Olli, denn höllisch weh tut. Der hüppt denn imma so in' Kreis rum und hält sich dit Been mit beede Hände, aba dit machta ja ooch nur, also Sten jetz, weil Olli ihn vorher in' Bauch jeboxt hat.

G: Ein Fülm für die janze Familje.

A: Ick sage dir, Gott, meena fünfjährigen Tochta hat der Bauch dermaßen weh jetan ...

G: Vor Lachen, wa?

A: Selbstvaständlich. Meinste, ick mach allit nach, wat in' Fernsehn kommt?

G: Ick denk, wah 'ne DVD?

A: Tschüss Gott.

G: Tschüss du. Ach, du?

A: Ja, Gott?

G: Wat is denn nu mit die lustijen Stelle?

A: Nästit Ma, Gott. Muss dir sowieso noch die Jeräusche aklärn. Die sind ja wichtich, bei einen Stummfülm.

Zwiegespräche mit Gott – heute:

Die kleinen Unterschiede

A: Na Gott.

G: Na.

A: Na, hast du einklich 'n Spahbuch, Gott?

G: Du meinst 'n Schnäppchen? Eens wat varamscht worden is?

A: Nee, ick mein so'n Konto bei de Bank, Gott, wo 't Zinsen druff jibt.

G: Jibtit einklich noch ürgend 'n andrit Thema bei euch Menschen als wie Jeld?

A: Klah, Gott. Dschungelkemp zun Beispiel oda ooch FDP oda Brustvagrößerungen.

G: Wat is nur aus euch jeworden?

A: Gene, Gott. Schlechte Gene wahscheinlich. Wahscheinlich setzen sich bloß die schlechten Gene durch.

G: Pappalapapp, an' Zippil müssta euch reißen, dit is allit, einfach ma an' Zippil reißen.

A: An' … Zippil?

G: Ja, an' Zippil. Einfach ma an' Zippil reißen, denn würd dit schon.

A: Wat und wo is denn diesa … Zippil, Gott?

G: Weeßte janz jenau.

A: Meinste etwa unsan Pulla?

G: Mann, dit is umgangssprachlich. Ick hätt ooch Riemen sagen könn'.

A: Riemen, hmm.

G: Och, dit jeht darum, ditta in die Puhschen kommt, ditta ma den Stecka zieht, ditta den Turbo zündit.

A: Stecka ziehn und denn Turbo zünden?

G: Janz jenau.

A: Mit andan Worten, wir brauchen jakeene Brustvagrößerungen?

G: Ick hab euch jeformt nach meinen Ebenbild.

A: Na ja. Nich alle, wa? Ick mein, kiek ma in Spiegil, Gott.

G: Die kleenen Untaschiede machens erst intrissant.

A: Hmm. Kleen, groß is aba relatiw. Meinste einklich ooch, Gott, dit wir Männa zugrunde jehn werden, inne Zukunft. Dit wa nur noch 'n Klotz an' Been denn sind, von die Frauen, inne Zukunft?

G: Huch!? Wer von euch wah so klug dies festzustelln?

A: Hanna Rosin, Gott. Die hat dit jeschrieben. Eine Amerikanerin. »Das Ende der Männa und der Aufstieg der Frauen« heißt ihr Buch.

G: Dit Spahbuch?

A: Jepp, der hat jesessen.

G: Is aba würklich 'ne Schraube locka bei euch, wa? Ej, sobald ürgendwo Macht abjejeben würd, würd dit von ürgendwelche als Schwäche ausjelegt und ürgendwelche von diese ürgendwelchen spekuliern unta Garantie schon uff die Möglichkeit, dit sich nur die Vorzeichen der Macht ändan, nich aba die Grundsätze der Machtvateilung.

A: Homosexuelle, die Heterosexuelle untadrücken wolln, meinste? Farbige, die üba Weiße herrschen möchten? Frauen, die sich druff freun, Männan zu sagen, wo 't langjeht?

G: Und Ungläubije, die Gläubije unta Juchzern uffin Scheitahaufen brenn sehn wollen, janz jenau so meinick dit, ja.

A: Ick sag ja statt »ungläubich« lieba »nich gläubich«, Gott. »Un« is imma mit Negatiwit vabunden. Unrat, Unsinn, unfrei, unsicha, unjebildit, unsauba, unbeliebt, unschön, unfein, unjezogen …

G: Unjefährlich?

A: Die berühmte Ausnahme, Gott, welche die Regil bestäticht.

G: Unbekümmat, unschuldich?

A: Unvazeihlich, Unart, untalentiert, Gott. Unausjeschlafen, unausjegoren, unjesetzlich, untröstlich, Unfrieden, Unbill, unmöglich, unleidlich, unpässlich, unpasönlich, Unjeheua, Untier, Unwesen, unscharf, untot, unselbstständich, unkenntlich, Unwetta undsoweita.

G: Undsoweita?

A: Damit is die Liste der Negatiwbegriffe noch lange nich zuende, meinick.

G: Und wat is mit unabhängich? Mit unjebunden? Mit unbesorgt?

A: Einijen wa uns so, Gott, dittit unheimlich wenije Begriffe nur jibt mit »un« vorne, die positiw besetzt sind, in' Vagleich zu unzählije mit »un« vorne, die einen unanjenehm berührn.

G: Unbedingt.

A: Untatänichsten Dank, Gott. Weilick doch imma so rechthaberisch bin, weeßte? Und wenn meene Theorien keen Anklang finden, passiert dit schon ab und zu, dittick unqualifiziert und unsachlich meenen Unmut zun Ausdruck bringe.

G: Zun Undruck, meinste.

A: Tätä!

G: Hast 'n Batzen Kohle jekricht, letzte Woche, wa?

A: Nich würklich, Gott, nich würklich.

G: Sei ehrlich. Hast die Bank ausjeräumt, in Steglitz, wa? Mir kannstit doch sagen, ick bin Gott, ick krieg dit sowieso raus. Wie lange hast 'n an den Tunnil jegraben? Hattiste Komplizen?

A: Unfug, Gott. Ick hab nur 'n uraltit Spahbuch. Eens, wat noch kyrillische Buchstaben hat.

G: Kyrillische?

A: Habick kyrillisch jesacht? Süttalin, selbstvaständlich. 35 Euro sind da druff, und ick dachte, wennick dit villeicht bei 'ne andan Bank ..., weeßte, wennick dit so umschulde, denn kriegick da villeicht mehr Zinsen. Man muss mitte Zeit jehn, Gott.

G: Muss man dit, ja?

A: Muss man, Gott, muss man. Sonst is man 'n Klotz an' Bein, von die Frauen, Gott. Tschüss Gott.

138

G: Tschüss du.

A: Ach, Gott?

G: Ja?

A: Wennick keene Hosen mehr tragen dürf, ja, spätistens denn jehick in' Untagrund.

G: Mach dit, mein Freund, mach dit.

Zwiegespräche mit Gott – heute:

Anders begabt

A: Na, Gott.

G: Na.

A: Na, warum haben wir Deutschen einklich so wenich Humor, Gott?

G: Weil ihr so wichtich seid.

A: Wir?

G: Ja, ihr. Ihr seid dit wichtichste Volk vonne janzen Welt. Und ihr habt so wenich Humor, weil ihr nich nur ahnt, dit ihr dit wichtichste Volk vonne janzen Welt seid, sondan ihr wisst dit soja.

A: Gott? Willste mir vaahschen?

G: Ja.

A: Findick nich lustich.

G: Wat zu beweisen wah.

A: Wenn wa uns würklich für so wichtich halten würden, Gott, denn würden wa uns doch weltweit nich bei so ville Dinge raushalten. Denn würden wa doch viel mehr mitmüschen, weltweit, würden viel mehr Krieg machen und nich dauand betonen, dit wa dit für unanjemessen halten, wenn deutsche Soldaten wieda den Tod bringen.

G: Ebend! Ihr habt aus eure Jeschichte jelernt. Als einzje Natjon, weltweit, habt ihr aus eure Jeschichte jelernt. Deutschland zeigt den Rest vonne Welt wie 't jehen kann und is dabei

noch so dermaßen bescheiden, dittit nich ma den Friedens-
nobelpreis valangt, für sein Volk.

A: Meinste denn, Gott, wir hätten 'ne Schongs?

G: Nee.

A: Weil?

G: Weil euch keena leiden kann. Weila keenen Humor habt, nämich.

A: Komm zwee Frauen zun Ahzt, Gott. Sagt die eene: »Kiek ma,
ick krieg 'n Kind.« Sagt die andire: »Schön für dir, meen Kind is
in' Krieg.«

G: Netta Vasuch.

A: Is mir so spontan einjefalln.

G: Hmm, hat man jemerkt.

A: Aba Gott, meinste denn …, ick mein, bleibt dit denn für imma
so, dit wir Deutsche keen Humor ham?

G: Na ja. Ihr könntit natühlich wat dajegen untanehmen. Müsstita
so 'ne Agenda beschließen. Müssten denn aba Bund und Lända und Kommunen an eenen Strang ziehn. Kostit selbstvaständlich. Müsste in Kindajahten ja schon losjehn, mit Humorfrüha-
ziehung. Und denn, in den Schulen, da is dit föderale Prinzip
'n bisschen hindalich, weil, müssten natühlich übaall die selben
Standahds gelten, wa? Is ja klah. Undsoweita. Humorstudjengän-
ge. Humorinstitute. Janz wichtich, Humorabeitsplätze! Humor-
pflege. Humorgrundsicherung. Warum nich eine Humorpolizei?
Humoraustausch mit andire Lända. Ein freiwillijet lustijet Jahr.
Regilmäßije Humorberichte in den Humorausschüssen zur Hu
morsituatjon in der Bundisrepublik Deutschland, Humorrente,
die deutlich üba der Humorgrundsicherung liegt. Sowat.

A: Und dit soll wat bringen?

G: Haste 'ne bessire Idee?

A: Tschüss Gott.

G: Tschüss du.

A: Ach, Gott?

G: Ja?

A: Die Amerikana sind aba ooch nich viel witziga als wir.

G: Sind se doch.

Ahnes »Zwiegespräche mit Gott« bei Voland & Quist

Zwiegespräche mit Gott
Buch + Audio-CD
ISBN 978-3-938424-17-9
EUR 14,90

Neue Zwiegespräche mit Gott
Buch + MP3-CD
ISBN 978-3-938424-41-4
EUR 14,90

Zwiegespräche mit Gott – Unser täglich Brot
Buch + Audio-CD
ISBN 978-3-938424-25-4
EUR 14,90

Lese- und Hörproben auf www.voland-quist.de